Pequeñas reparaciones

EDICIÓN ORIGINAL

Dirección de la publicación
Carola Strang

Dirección editorial
Carole Bat

Edición
Marie-Jeanne Miniscloux

Dirección artística
Emmanuel Chaspoul
con la colaboración de Cynthia Savage

Diseño gráfico
Isabelle Chemin
Catherine Le Troquier

Iconografía
Marie-Annick Réveillon

Ilustraciones
Laurent Blondel

EDICIÓN ESPAÑOLA

Coordinación editorial
Jordi Induráin Pons

Edición
Àngels Casanovas Freixas

Traducción
Montse Foz Casals

Maquetación
Dos més dos edicions, s.l.

Cubierta
Tendencia Cero

© 2006 Larousse
© 2007 LAROUSSE EDITORIAL, S.L.
Mallorca 45, 3.ª planta – 08029 Barcelona
Tel.: 93 241 35 05 – Fax: 93 241 35 07
larousse@larousse.es - www.larousse.es

ISBN: 978-84-8016-209-8
Depósito legal: B. 1.920-2007
Impresión: I. G. Mármol
Impreso en España – Printed in Spain

Pequeñas reparaciones
electricidad, fontanería, aislamiento y calefacción

LAROUSSE

Electricidad

Fontanería

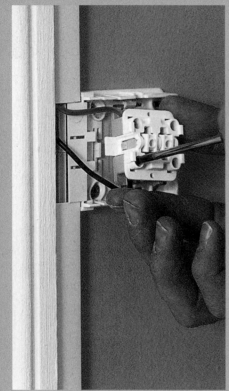

Electricidad

El equipo del electricista

Es importante que disponga de su propio kit de electricista y que no utilice estas herramientas para otras finalidades. Evite el contacto de las mismas con las llamas, los productos químicos o las hojas afiladas, ya que todo ello podría dañar la camisa dieléctrica y deteriorar el aislamiento de la herramienta.

1a. Los alicates universales, como su nombre indica, permiten sujetar piezas de formas variadas o cortarlas.

1b. Los alicates de cortar sirven básicamente para seccionar hilos eléctricos. Pueden ser de corte frontal o diagonal, según prefiera.

1c. Los alicates de pico largo pueden ser de pico largo recto o acodado. Son muy prácticos para alcanzar y sujetar las arandelas y las tuercas en las cajas eléctricas, en las cuales es difícil introducir la mano.

1d. Los alicates de extensión tienen un eje de articulación regulable que permite sujetar piezas muy pequeñas o de gran diámetro.

2. El pelador de cables es una pinza automática para pelar el extremo de los conductores eléctricos: la herramienta sujeta,

la bombilla se encenderá. Si el fusible está quemado, la bombilla no se encenderá.

6. La linterna eléctrica, que se debe tener siempre cerca del interruptor general.

7. El controlador universal es un aparato eléctrico polivalente (en ocasiones llamado voltímetro) que permite probar los circuitos eléctricos de casa. Según la posición de los probadores, podrá controlar la tensión, la intensidad o la resistencia. Algunos modelos emiten señales luminosas y otros una señal sonora que indica que pasa la corriente.

8. El martillo de electricista tiene un pico curvado que permite colocar pequeñas puntas en las molduras y otros listones decorativos.

9. La cinta adhesiva. Elija una cinta adhesiva aislante destinada a la protección de los contactos

corta y saca el aislante en un mismo movimiento.

3. Juego de destornilladores, de mango ergonómico y vástago enfundado por completo para aislar al usuario de posibles contactos eléctricos. Para cumplir con las normas, estas herramientas deben garantizar una protección contra un contacto de 1 000 voltios.

4. El detector de tensión o buscapolos es un pequeño destornillador de mango transparente que contiene una bombilla tubular que se enciende con el paso de corriente eléctrica. Al colocar el vástago del destornillador en el borne de un interruptor, en el contacto de un enchufe o en un portalámpara se puede controlar la continuidad de un circuito eléctrico: si se enciende la bombilla, significa que se trata de un cable de fase y que pasa la corriente.

5. El probador de fusibles es un pequeño tubo de plástico que, en realidad, es una pila eléctrica sin interruptor que permite probar los cartuchos fusibles. Coloque el cartucho en el probador, asegúrese de que haga contacto y

eléctricos, pero que podrá utilizar para otras cosas. La cinta adhesiva permite juntar dos elementos, unirlos, improvisar un mango, etc. Una cinta autovulcanizante facilitará la adhesión y servirá para taponar los escapes de agua.

10. Clavos con abrazaderas, de acero dulce, en forma de U, que permiten sujetar un cable o un cordel para guiarlos o colgarlos. En algunos modelos, la parte redondeada está recubierta con un material blando para fijar un cable o un hilo sin que se aplaste.

Los clavos en forma de U pueden sustituirse por grapas.

11. El metro. Elija un metro de cinta ancha de unos 3 o 4 metros de largo, incluso 5. Así podrá tomar medidas sin tener que ir trasladando el instrumento varias veces.

Antes
de empezar

El lenguaje eléctrico

Las nociones básicas presentadas a continuación le permitirán diferenciar entre tensión, intensidad y potencia de un aparato. Estos términos pueden describirse por analogía con un circuito de agua.

Tensión, intensidad, potencia

La tensión. Medida en voltios (V), informa de la naturaleza de la corriente:
▶ La corriente continua circula del polo + (positivo) al polo - (negativo). Es el caso de las pilas, o de los acumuladores, cuya tensión puede ser de 1,5 V, 3 V, 4,5 V, 6 V o 9 V.
Cuando compre pilas de 1,5 V, preste atención al tamaño, porque existen tres medidas diferentes.
Si en lugar de pilas normales utiliza pilas recargables, debe saber que su tensión es inferior, es decir, de 1,2 V. Para conseguir una tensión de 6 V, por ejemplo, serán necesarias 5 pilas recargables para sustituir 4 pilas de 1,5 V.
▶ Está establecido que la corriente alterna se invierte cincuenta veces por segundo, o a una frecuencia de 50 hercios en Europa continental. En este caso, no hablamos de polos positivo y negativo, sino de fase y de neutro.
La corriente eléctrica que llega a todas las viviendas a través del contador-interruptor suele ser una corriente alterna de 230 V y de 50 hercios.

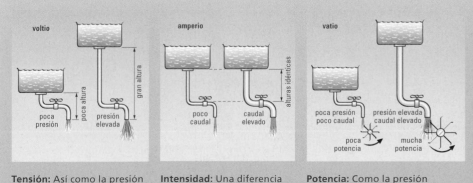

Tensión: Así como la presión hace que el agua fluya, la tensión hace circular la corriente eléctrica.

Intensidad: Una diferencia de intensidad de la corriente eléctrica corresponde a una diferencia de caudal.

Potencia: Como la presión y el caudal combinados, la tensión y la intensidad dan una potencia.

La intensidad. Se mide en amperios (A). A través de una bombilla de 100 W, por ejemplo, pasa una corriente de 0,5 A; a través de una plancha, una corriente de 5 o 6 A.

La potencia. Es el producto de la tensión y de la intensidad. Su unidad de medida es el vatio (W): Tensión (V) x Intensidad (A) = Potencia (W).

La potencia de los aparatos eléctricos viene indicada en la ficha correspondiente en vatios o kilovatios (1 kW = 1 000 W). La de una lámpara, por ejemplo, es de 75 o 100 W, la de una plancha de 1 000 o 1 200 W, la de un radiador eléctrico de 750, 1 000 o 1 500 W.

La iluminación es un elemento importante de la decoración de la vivienda.

Energía consumida

La energía eléctrica consumida se mide en kilovatios hora (kWh). El número de kWh utilizados es el producto del número de kilovatios (potencia) por el número de horas de utilización:

– Energía (kWh) = Potencia (kW) x Tiempo (h).

– Una bombilla de 100 W consume, en consecuencia, en 4 horas una energía de 0,4 kWh (o 0,1 kW x 4h).

▶ Monofásica o trifásica. La electricidad distribuida transmite la corriente eléctrica en dos tensiones. Se dice que la red es de 230/400 voltios.

La mayoría de las viviendas tienen una corriente de 230 V, con dos cables, el cable de fase y el cable neutro. Se trata de corriente monofásica.

Cuando se necesitan potencias importantes para la calefacción o para alimentar motores eléctricos, se utiliza el trifásico. En este caso, cada aparato se conecta entre tres fases (400 V) o entre una fase y el neutro (230 V).

Bombillas de bajo consumo.

La electricidad en la vivienda

Distribución de la corriente

La corriente eléctrica llega a las viviendas por red aérea o por red subterránea, mediante el contador-interruptor, alimentado por una empresa de distribución a la que estamos abonados. En Europa continental, se trata de una corriente alterna de 230 V y 50 hercios, puesta a disposición del particular a partir de los bornes de salida del interruptor: es el punto de cesión (**véase esquema inferior**).

El contador. El contador sirve para registrar la cantidad de energía consumida por el usuario. Se encuentra en una caja (vivienda individual) o en una canalización principal (pisos). Situado en el exterior de la vivienda, permite realizar la lectura del consumo en ausencia del propietario.

Cálculo de la potencia contratada. La potencia de la que dispone en su vivienda es el producto de la intensidad (regulación del interruptor) por la tensión (indicada en el contador). Si su interruptor, por ejemplo, está regulado a 30 amperios, la potencia disponible es de 30 A x 230 V, es decir, 6 900 W (o 6,9 kW). Usted pagará un abono correspondiente a la potencia contratada más cercana en la gama tarifaria, es decir, 6 kW. Como usted no utiliza todos los aparatos eléctricos al mismo tiempo, la potencia contratada corresponde solamente a la potencia de todos los aparatos susceptibles de ser utilizados en el mismo momento.

Interruptor de conexión. El interruptor de conexión, o interruptor general, controla y protege su instalación eléctrica. Su regulación (**véase cuadro de la p.14**), indicada en la ficha, corresponde a la potencia que tiene contratada. Cuando hay un cortocircuito, una sobrecarga o una fuga de electricidad importante en su instalación, este interruptor corta automáticamente la

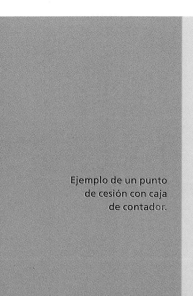

A la izquierda, contador eléctrico. A la derecha, interruptor de conexión.

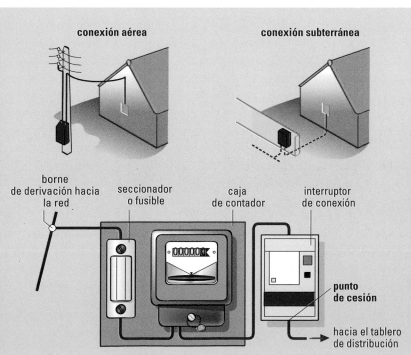

Ejemplo de un punto de cesión con caja de contador.

conexión aérea

conexión subterránea

borne de derivación hacia la red

seccionador o fusible

caja de contador

interruptor de conexión

punto de cesión

hacia el tablero de distribución

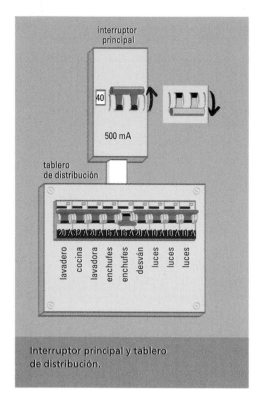

interruptor
principal

40

500 mA

tablero
de distribución

20 A 32 A 20 A 16 A 16 A 20 A 10 A 10 A 10 A

lavadero
cocina
lavadora
enchufes
enchufes
desván
luces
luces
luces

Interruptor principal y tablero
de distribución.

entrada de corriente, que se puede volver a conectar pulsando un botón o levantando una palanca en cuanto se ha reparado la avería.

Tablero de distribución

En el tablero de distribución se encuentran todos los circuitos de su instalación, cada uno de ellos protegido contra las subidas de tensión o los cortocircuitos mediante un interruptor o un fusible. De este modo, si uno de los circuitos se avería, no provoca el corte general de la instalación. La pequeña palanca del circuito que falla deja de estar en línea con respecto a las demás (**véase** croquis **adjunto**).

Según la superficie habitable, el confort deseado y el tipo de contrato, el tablero de distribución ocupa un emplazamiento que puede ser simple o triple.

Emplazamiento del tablero. El tablero de distribución debe colocarse en el interior de la vivienda y debe conectarse directamente con la toma de tierra. Está prohibido colocarlo en un cuarto de baño, un armario, un ropero o encima de un fregadero o de un aparato de calefacción o de cocción. Los botones de accionamiento deben situarse entre 1 m y 1,80 m del suelo.

Protección contra los rayos

En las regiones en las que caen rayos más de 25 días al año, es obligatorio instalar un pararrayos «de alta energía», montado directamente sobre el tablero de distribución. Esta protección también se aconseja cuando la corriente llega por red aérea o desde un transformador montado en un poste, alimentado por una red aérea. Además, existen pararrayos y tomas de pararrayos que permiten proteger los circuitos sensibles, especialmente contra las subidas de tensión, bastante frecuentes, que pueden estropear los aparatos eléctricos. Sin embargo, la protección más segura sigue siendo desconectar los aparatos sensibles (ordenador, cadena de alta fidelidad, etc.) en caso de tormenta o antes de marcharse de vacaciones.

© LEGRAND

Toma de pararrayos.

REGULACIÓN DE LA INTENSIDAD DEL INTERRUPTOR DE CONEXIÓN SEGÚN LA POTENCIA CONTRATADA							Trifásico 230/400 V	
Monofásico 230 V							Trifásico 230/400 V	
Regulación del interruptor (A)	15	30	45	60	75	90	30	60
Potencia contratada (kW)	3	6	9	12	15	18	18	36

Tablero de distribución
Cada circuito debe estar identificado con una anotación o con un símbolo situado cerca del interruptor o del fusible correspondiente («luces habitación», «cocina», etc.).

Cortacircuitos con cartuchos fusibles.

Los diferentes circuitos

Los circuitos de una instalación eléctrica doméstica están especializados según su función. Así, se distinguen:
– los circuitos de iluminación;
– los circuitos de tomas de corriente;
– los circuitos especializados (calentador de agua, lavadora, cocina);
– los circuitos de alimentación de una posible calefacción eléctrica.
En el caso de cada uno de los circuitos se define un número máximo de puntos de uso. Por ejemplo, según la norma ICT-BT-25.3, un circuito de iluminación o de tomas de corriente puede alimentar incluso hasta 30 puntos de uso.
Una lámpara con varias bombillas solo representa un punto de utilización. Una toma de corriente accionada por un interruptor de luz, destinada a la alimentación eléctrica de aparatos de iluminación, lámparas de pie o lámparas de escritorio, se considera un punto de iluminación.
Los circuitos monofásicos siempre llevan dos conductores activos, un conductor de fase (F) y un conductor neutro (N), así como un conductor de tierra.

Composición del tablero

El tablero de distribución se conecta a través de unos conductores a partir de los bornes de salida del interruptor de conexión.
En general, la alimentación eléctrica se efectúa a través de los bornes superiores, y la salida por los bornes inferiores. En el tablero de distribución (véase **croquis de la p.14**) se encuentran:
– los bornes que forman el repartidor: uno para la fase, otro para el neutro y otro para el conductor de tierra;

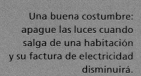

Una buena costumbre: apague las luces cuando salga de una habitación y su factura de electricidad disminuirá.

– los dispositivos de protección diferenciales de alta sensibilidad **(véase p. 26)**;
– los fusibles o los interruptores de protección de cada circuito;
– los posibles aparatos modulares complementarios, como pararrayos, interruptores a distancia, contactos, relés de horas valle, descongestionador, transformador de dispositivos sonoros, programador de calefacción;
– barras de desviación (peine aislado) que permiten alimentar los fusibles o los interruptores modulares;
– emplazamientos libres previstos para añadir otros aparatos modulares o la alimentación de otros circuitos.

Fusibles e interruptores

Los fusibles y los interruptores tienen la función de interrumpir el paso de la corriente cuando detectan una anomalía en el funcionamiento (sobrecarga, cortocircuito).

Los fusibles. El principio del fusible se basa en la creación de un punto débil en el circuito. El hilo conductor de poco diámetro se funde cuando la intensidad del circuito supera en un 10-20 % el valor previsto. Se funde más o menos rápidamente en función de la importancia de la sobrecarga de la corriente o del cortocircuito. El cortacircuito con fusible incluye:

Es aconsejable tener varios cartuchos fusibles de recambio.

– una base con bornes de empalme y la fijación en una guía;
– un portafusible móvil que también secciona el neutro;
– un cartucho fusible calibrado para una corriente nominal.
Cada calibre tiene sus propias dimensiones. Así, no se puede sustituir un cartucho de fusible por otro de calibre superior **(véase p. 41)**.

Los interruptores. Se trata de interruptores de distribución por secciones, o interruptores magnetotérmicos, que no se deben confundir con el interruptor general o de tablero. Las sobrecargas se detectan gracias a un dispositivo basado en la dilatación diferente de dos hojas metálicas, y los cortocircuitos gracias a un electroimán que provoca la apertura de contactos que pueden cortar una corriente de cortocircuito de 3 000 a 5 000 A. Estos interruptores están adaptados a la sección del conductor y garantizan el corte de la fase y el seccionamiento del neutro.

Una vez reparada la avería, la puesta en servicio es simple y rápida: basta con accionar una palanca o un botón para volver a poner en marcha el interruptor.

No se deben confundir los interruptores de distribución (no muy caros) con los disyuntores o interruptores diferenciales (diez veces más caros). Los primeros protegen contra los cortocircuitos, y los segundos contra los riesgos de electrocución **(véase p. 27)**.

En las instalaciones eléctricas modernas, se coloca un miniinterruptor (o interruptor diferencial, **véase p. 27**) a la cabeza del tablero de distribución que protege varios cortacircuitos. Este interruptor diferencial, más sensible que los otros, baja antes que el interruptor principal. Para una persona poco iniciada, no resulta fácil detectar la anomalía, porque no hay nada que indique en qué circuito se encuentra la avería. En este caso, lo mejor es llamar a un técnico cualificado.

CALIBRE DE LOS FUSIBLES Y DE LOS INTERRUPTORES SEGÚN LA SECCIÓN DE LOS CONDUCTORES			
Sección del conductor	1,5 mm²	2,5 mm²	4 mm²	6 mm²
Calibre del fusible	10 A	20 A	25 A	32 A
Calibre del interruptor	10 o 16 A	20 o 25 A	32 A	32 o 40 A

© OSRAM

La elección de la iluminación

La elección de la iluminación debe basarse no solo en criterios estéticos, sino, ante todo, en la noción de confort visual. Por ello, es conveniente estudiar detenidamente la colocación y la potencia de las diferentes fuentes de luz, el estilo de iluminación deseado (directa, indirecta, difusa) y la naturaleza de la luz (luz blanca de bombilla halógena, luz más cálida de bombilla incandescente, etc.).

Bombillas incandescentes y ojos de buey

Las bombillas incandescentes poseen un filamento de tungsteno, situado dentro de una bombilla de vidrio, a veces de color y llena de gas inerte (nitrógeno o argón). El paso de la corriente eléctrica dentro de este filamento lo lleva a la incandescencia (blanco deslumbrante). El casquillo garantiza la fijación de la bombilla y su conexión eléctrica. A modo de ejemplo, una bombilla incandescente de 100 W situada encima de una mesa ofrece luz suficiente para realizar incluso trabajos minuciosos. La vida media de una bombilla incandescente es de, aproximadamente, 1000 horas. Existe una gran gama de formas y de modelos (véase p. 20).

Cambiar una bombilla halógena

Desconecte la lámpara y deje enfriar la bombilla. Retire el cristal o la rejilla de protección y saque la bombilla tirando de un lado y luego de otro. Para montar la nueva bombilla, tómela por el centro con un trapo grueso (nunca con la mano directamente), después introduzca el primer casquillo y empuje bien antes de poner el segundo. Aproveche para limpiar la parábola de la lámpara.

Elegir una bombilla incandescente. Se deben tener en cuenta los siguientes elementos:
– la tensión: 230 V o, con baja tensión, 12 o 24 V;
– la potencia: 25 W, 40 W, 60 W, 75 W, 100 W, 150 W, 200 W, 300 W, 500 W;
– el casquillo: de bayoneta (B 22), de rosca (E 27) o de rosca pequeña (E 14);
– la forma de la bombilla y su presentación (clara, esmerilada, opaca, de colores, de cúpula plateada, con reflector incorporado).

Los ojos de buey. Son lámparas incandescentes de forma cónica con un reflector incorporado. Este tiene como objetivo concentrar la luz en una superficie concreta para obtener una iluminación muy localizada.

Bombillas halógenas

Las bombillas halógenas son bombillas incandescentes que emiten una luz blanca

Los halógenos son de porte clásico.

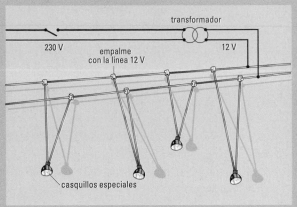

Bombilla incandescente.
Principales formas de casquillo de una bombilla.

Disposición de lámparas MBT entre los cables de línea.

parecida a la del sol. Utilizan un vidrio especial a base de cuarzo y una atmósfera constituida por un gas halógeno, el yodo. Estos dos elementos permiten llevar el filamento a una temperatura más elevada evitando su destrucción. La vida media de una bombilla halógena es, aproximadamente, dos veces superior a la de una bombilla incandescente corriente. Se pueden encontrar bombillas halógenas con formas y casquillos clásicos o especiales (**véase foto n. 2**).

Bombillas de muy baja tensión (MBT)

Son bombillas que están alimentadas por un transformador que reduce la tensión de 230 V a un valor de 12 V, sin peligro para las personas (**véase croquis superior**). La ventaja de estas bombillas es que tienen un filamento de sección más importante y, por lo tanto, más robusto, lo cual repercute en una mayor duración.

La potencia del transformador depende de la potencia de las bombillas que debe alimentar. Para cuatro bombillas de 40 W, por ejemplo, será necesario instalar un transformador de 4 x 40 W, es decir, de 160 W.

Bombillas compactas

Estas nuevas bombillas (**véase foto p. 20**), reconocibles por su tubo en forma de U, son muy económicas: su duración media es de 5 a 10 veces superior a la de una bombilla corriente y dan más luz (la luminosidad de una bombilla compacta de 10 W equivale a la de una bombilla corriente de 50 W). Aunque siguen siendo más caras que las otras, los precios siguen reduciéndose.

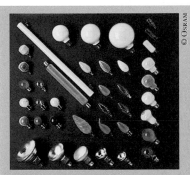

1. Diferentes formas de bombillas incandescentes normales y ojos de buey.

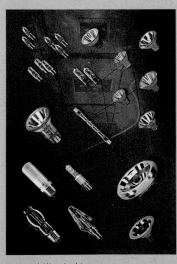

2. Bombillas halógenas.

Las bombillas compactas funcionan según el mismo principio que los tubos fluorescentes, pero su luz es más «cálida». Los avances técnicos han permitido reemplazar el dispositivo de encendido (arrancador) y la alimentación (reactancia) por un conjunto electrónico integrado en el casquillo. Este tipo de bombilla se enrosca como una bombilla clásica. Para fijar la bombilla en el casquillo, sujétela por la parte superior y no por las partes tubulares.

Al encender este tipo de bombilla, hay que esperar 2 o 3 minutos para obtener una luminosidad plena.

Asimismo, es importante evitar encender y apagar enseguida una bombilla compacta ya que, de lo contrario, su durabilidad podría reducirse considerablemente.

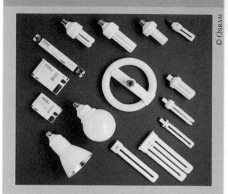

Bombillas fluocompactas.

Por este motivo, este tipo de bombillas no es el más adecuado para utilizarlas con un temporizador. Si las utiliza en el exterior, de noche, y para un tiempo prolongado, protéjalas con lámparas estancas.

Fluorescentes

El fluorescente (que no se debe confundir con el neón de los rótulos luminosos), sin filamento, está lleno de un gas de baja presión, que contiene vapor de mercurio. Una descarga eléctrica activa la fluorescencia del polvo colocado en el interior del tubo. La iluminación del tubo puede ser instantánea o diferida (mediante un cebador). Su alimentación se efectúa a través de una reactancia que provoca una subida de tensión en el momento del cebado del tubo y que permite después regular la tensión durante su funcionamiento normal.

El casquillo más corriente, en general, tiene dos clavijas, mientras que los tubos de encendido instantáneo suelen tener una (**véase croquis adjunto**).

Cada longitud de tubo corresponde a una potencia específica (**véase cuadro inferior**).

A igual longitud, se puede sustituir un tubo de 38 mm de diámetro (estándar antiguo) por un tubo de 26 mm.

Cuando un fluorescente no se enciende

Si el fluorescente tiene los extremos ennegrecidos, significa que está gastado y hay que cambiarlo.

▶ Puede haber un mal contacto. Gire el tubo un cuarto de vuelta en un sentido y después un cuarto de vuelta en el otro. No ponga jamás los dedos en el casquillo.

▶ Si aparece un pequeño resplandor en los extremos, puede ser que el cebador esté defectuoso. Cámbielo.

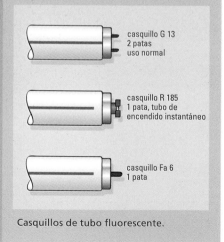

casquillo G 13
2 patas
uso normal

casquillo R 185
1 pata, tubo de
encendido instantáneo

casquillo Fa 6
1 pata

Casquillos de tubo fluorescente.

				POTENCIA (W) Y LONGITUD (M) DE LOS FLUORESCENTES			
W	6	8	13	18, 20*	32	36, 40*	58, 65*
m	0,20	0,30	0,50	0,60	0,90	1,20	1,50

* Antiguo estándar (tubos de diámetro de 38 mm)

La seguridad en la vivienda

Riesgos y precauciones

Cada año, la electricidad es la causa de numerosos incendios, accidentes personales e incluso muertes por electrocución. Para evitar tales riesgos, la calidad del material eléctrico de protección y el buen conocimiento de las normas de seguridad son fundamentales.

Choque eléctrico

Se llama choque eléctrico a lo que siente una persona cuando la corriente pasa a través de su cuerpo. La importancia del choque depende de la intensidad de la corriente que atraviesa el cuerpo y de la resistencia que este presente al paso de la corriente. Esta resistencia, medida en ohmios, puede ir de 1 000 ohmios (humedad, pies descalzos) a 50 000 ohmios (entorno seco, manos callosas). La media se sitúa en, aproximadamente, 5 000 ohmios.

Efectos fisiológicos de un choque eléctrico:
– En el caso de una corriente cuya intensidad (medida en miliamperios, mA) sea de 10 a 20 mA: picores y, posteriormente, crispación de los músculos; peligro debido a las reacciones incontroladas (gesto violento, caída).
– De 25 a 30 mA: paralización de los músculos con una contracción a nivel de la caja torácica (riesgo de asfixia).
– Más de 40 mA: quemaduras y fibrilación cardiaca que puede provocar la muerte, salvo intervención inmediata.

Las dos causas del choque eléctrico son:
▶ Contacto directo con un cable o un borne eléctrico en tensión. Se establece la corriente a través del cuerpo de la persona, ya sea entre dos cables de polaridad diferente o entre la parte del cable que está en tensión y el suelo (véase **croquis 1 y 2 de la p. 23**).
▶ Contacto indirecto con un aparato que resulta estar en tensión debido a un defecto de aislamiento; por ejemplo, una

Cortacircuito de un tablero de distribución.

Tapar los enchufes

Para prevenir los riesgos de electrocución, equipe sus enchufes con tapas eficaces, es decir, de ventosa o de llave (véase **foto**). También puede sustituirlos por enchufes con protección, cuyos agujeros solo se abren bajo el empuje de las dos patas de un enchufe, permitiendo así su apertura. Esta solución elimina cualquier riesgo de electrocución por contacto directo. Asimismo, no debe dejar nunca un alargo conectado a la corriente y no empalmado a un aparato. Utilice preferentemente los alargos de seguridad, cuyo enchufe lleva una «falda» que protege los agujeros.

Las tomas múltiples
y los alargos pueden
ser discretos.

lavadora en la que un cable toca el bastidor metálico (**véase croquis 3**). Es un riesgo muy traidor por ser inesperado.

Medios de protección

La principal protección es el aislamiento de las partes que están en tensión: conductores aislados, conductos aislantes, interruptores y tomas de corriente en material aislante, aislamiento de las partes eléctricas de los electrodomésticos, etc.

Contra los riesgos de contacto indirecto, todas las masas metálicas deben estar conectadas a un conductor de protección eléctrica conectado a tierra (**véase p. 26 y 30**); un interruptor diferencial (**véase p. 27**) garantiza el corte automático de la electricidad en caso de que el sistema aislante falle.

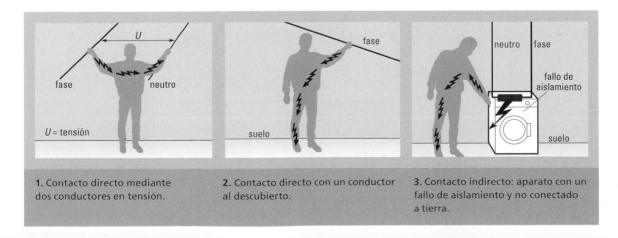

1. Contacto directo mediante dos conductores en tensión.

2. Contacto directo con un conductor al descubierto.

3. Contacto indirecto: aparato con un fallo de aislamiento y no conectado a tierra.

Consejos de seguridad

Buena parte de los incendios domésticos se deben a una instalación eléctrica defectuosa e incluso, en algunas ocasiones, a la presencia de aparatos en mal estado. Desconfíe del más mínimo olor a quemado o de un radiador que se haya atascado. Además, cuando las tomas múltiples se utilizan en exceso, más allá de la capacidad del circuito eléctrico, los riesgos son mayores, hasta el punto de provocar un cortocircuito.

Para reducir los riesgos de sufrir un accidente o de que se produzca un incendio, es imprescindible tener una instalación eléctrica de acuerdo con las normas de seguridad vigentes. Si su instalación eléctrica es defectuosa (cables pelados, enchufe roto, etc.), debe realizar la reparación necesaria inmediatamente.

Antes de manipular cualquier instalación eléctrica, corte siempre la corriente del interruptor general o, en el caso de reparar un aparato o electrodoméstico, desconéctelo de la red eléctrica.

Un enchufe sobrecargado puede calentarse y provocar un cortocircuito.

Precauciones en el empleo habitual de los aparatos eléctricos

No utilice nunca un aparato eléctrico con las manos mojadas o con los pies descalzos sobre un suelo mojado: corre el riesgo de electrocutarse.

▶ Desconecte siempre los aparatos eléctricos portátiles en cuanto deje de utilizarlos para evitar que se pongan en marcha accidentalmente.

▶ Desconecte siempre los aparatos eléctricos antes de limpiarlos, sobre todo si utiliza un trapo o una esponja húmeda.

▶ Para desconectar un aparato alimentado a través de un enchufe, tire siempre del enchufe y nunca del cable: podría estropear el cable y su punto de unión con el enchufe.

▶ Preste atención a las tomas múltiples y a los alargos: cuando hay demasiados aparatos conectados a una misma toma, pueden calentarla y provocar un incendio.

▶ Si tiene hijos, instale enchufes con protección, es decir, enchufes cuyos agujeros solo se abren si se introducen a la vez las dos patas de un enchufe.

Olor a quemado, chispas, llamas...

En el caso de que un aparato eléctrico huela a quemado, produzca chispas o se encienda:

▶ Corte inmediatamente la corriente con el interruptor general o desconecte el aparato retirando el enchufe o accionando el interruptor correspondiente.

▶ En caso de incendio, sofoque las llamas con una manta, ropa o, mejor, con un extintor de polvo seco.

▶ No toque nunca un aparato o un cable en llamas.

▶ Inspeccione a continuación todos los cables y empalmes. Si se han estropeado, sustitúyalos. Si es necesario, llame a un profesional para comprobarlo.

© SWS

Puede proteger los fogones, lugar predilecto de todos los peligros, con una protección desmontable contra las llamas.

Cualquier tipo de iluminación debe respetar, ante todo, las normas de seguridad.

Extintor de polvo seco.

¿Qué hacer en caso de electrocución?

Corte enseguida la corriente accionando la palanca o el botón del interruptor general, que, en principio, se encuentra cerca del tablero de distribución.

▶ Si no encuentra el interruptor general, intente liberar a la víctima con un bastón o una silla de madera, una cuerda seca o ropa asegurándose de que se encuentra sobre un suelo seco (alfombra o parquet en el interior, felpudo o caja de madera en el exterior).

▶ Evite, sobre todo, entrar en contacto con la víctima directamente, ya que, de lo contrario, usted mismo pasaría a convertirse en conductor de electricidad.

▶ Si la víctima presenta quemaduras, se siente mal o ha perdido el conocimiento, aunque solo sea temporalmente, llame inmediatamente a los servicios de emergencias (Samu o bomberos).

Toma de tierra y protección diferencial

Actualmente, todas las instalaciones eléctricas deben estar equipadas con un empalme a tierra. Según la norma vigente ICT. BT-18, todas las tomas de corriente, así como los circuitos de iluminación, deben disponer de un conductor conectado a tierra.

Toma múltiple con enchufes de tierra.

 Está prohibido utilizar, para la conexión principal a tierra, las canalizaciones de agua, gas o calefacción central, así como las vainas de los cables.

¿Por qué es necesaria la conexión a tierra?

La toma de tierra garantiza que la tierra (con un potencial de cero voltios) se utilice como conductor de retorno para las corrientes de fuga en caso de fallo del aislamiento. En su ausencia, el propio usuario corre el riesgo de convertirse en conductor y de recibir un choque eléctrico que puede ser mortal a partir de 24 V con 0,5 A en condiciones desfavorables (pies descalzos, entorno húmedo). La toma de tierra, además, permite que se accionen los dispositivos de seguridad (disyuntores o interruptores diferenciales), que cortan la corriente en caso de incidente. Así pues, es esencial para su seguridad.

Si no está seguro de si su instalación eléctrica dispone de una conexión a tierra, avise a un electricista para que lo compruebe o pregunte al presidente de su comunidad de propietarios, si vive en un piso. En el caso de un inmueble colectivo, también puede comprobar si existe en cada planta una pequeña caja de color amarillo o en la que se lea «tierra» (los cables de esta caja siempre son de color verde/amarillo).

La conexión a tierra

En las construcciones recientes, la conexión a tierra siempre está prevista. Se trata de un cable de cobre desnudo enterrado en los cimientos y conectado a

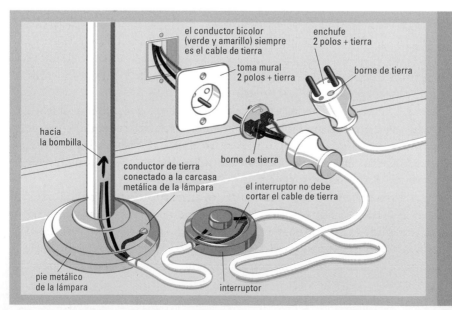

el conductor bicolor (verde y amarillo) siempre es el cable de tierra

enchufe 2 polos + tierra

toma mural 2 polos + tierra

borne de tierra

hacia la bombilla

conductor de tierra conectado a la carcasa metálica de la lámpara

borne de tierra

el interruptor no debe cortar el cable de tierra

pie metálico de la lámpara

interruptor

Los enchufes y las tomas deben cumplir actualmente todas las normas de seguridad.

un borne de tierra. En otros casos, la toma de tierra puede hacerse con una estaca metálica enterrada en el suelo o con un cable enterrado en una zanja, siempre conectado al borne de tierra. El empalme se efectúa con un cable desnudo de cobre de sección de 16 a 25 mm².

La protección diferencial

Los dispositivos diferenciales, interruptores o interruptores diferenciales garantizan la protección de las personas en caso de fuga de corriente. Tal fuga puede producirse cuando la envoltura metálica de un aparato eléctrico (una lavadora, por ejemplo) se encuentra en tensión debido a un fallo de aislamiento. En este caso, ni el fusible ni el interruptor magnetotérmico reaccionarán, porque la corriente es demasiado débil.
El principio. El principio de funcionamiento del dispositivo diferencial se basa en el equilibrio entre la corriente de entrada (fase) y la corriente de retorno (neutro). En cuanto hay un fallo de aislamiento, se produce una corriente de fuga y el dispositivo diferencial detecta el desequilibrio y corta el circuito (véase también p. 16).

▶ Interruptor o disyuntor diferencial. A pesar de que el interruptor diferencial solo garantiza una protección diferencial, también protege contra las sobrecargas y los cortocircuitos.

▶ Calibre y sensibilidad. El calibre de un interruptor diferencial define la intensidad de la corriente que el interruptor permite pasar en tiempo normal (por ejemplo, 10, 16, 25, 32 o 40 A). La sensibilidad es el valor límite que desencadena la acción del interruptor (10, 30, 100, 300 o 500 mA).

¿Qué protección diferencial necesita? La compañía distribuidora de electricidad obliga actualmente a instalar un interruptor diferencial de una sensibilidad de 500 mA, conocido como interruptor diferencial. En las instalaciones antiguas, en general, no suele ser así.

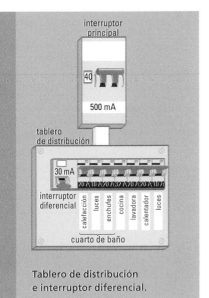

Tablero de distribución e interruptor diferencial.

Los límites del dispositivo diferencial

En la actualidad, cabe destacar que es obligatorio instalar un dispositivo diferencial de alta sensibilidad (30 mA) en las tomas de corriente, los circuitos del cuarto de baño, los apliques de luz de la cocina y los cables eléctricos (calefacción radiante).

Coste. Para mejorar la protección y el confort (un corte menos selectivo) es deseable aumentar el número de dispositivos diferenciales y proteger el resto de la instalación y/o prever un dispositivo para los diferentes circuitos especializados (grandes electrodomésticos), pero esto representa un coste ciertamente más elevado.

¿Qué protección? La instalación de un interruptor diferencial debe ir siempre acompañada de una conexión a tierra de todas las masas metálicas. Si la masa de un aparato no está conectada a tierra, la protección no está garantizada. El dispositivo diferencial no ofrece una protección absoluta contra la electrocución, sino que únicamente protege en caso de contacto indirecto.

Interruptor o disyuntor diferencial.

Circuitos eléctricos

Circuitos clásicos

Los circuitos permiten conducir la electricidad hasta cada punto de utilización. Cada uno de los montajes (enchufes, iluminación simple, conmutador, telerruptor, etc.) siempre se alimenta a partir de una caja de conexiones. Estas cajas de conexiones se alimentan a través de diferentes líneas eléctricas que salen del tablero de distribución (**véase p. 14**). Cada línea eléctrica debe poseer tres conductores: la fase, el neutro y la tierra. Desde 1991, el conductor de tierra es obligatorio para todos los circuitos, incluso el de iluminación.

Se distinguen los circuitos clásicos, como los enchufes y la iluminación, y los circuitos especializados, que alimentan a los grandes consumidores de energía, como la encimera o la lavadora (**véase p. 34**). En el caso de los lugares húmedos (cuarto de baño, cocina), la reglamentación existente es más estricta (**véase p. 36**).

Enchufes e iluminación simple

Enchufes. Se alimentan a través de un circuito con tres cables (**véase recuadro p. 49**):
– la fase (conductor de color rojo o marrón);
– el neutro (conductor de color azul claro);

Ejemplo de distribución de los circuitos de una instalación eléctrica.

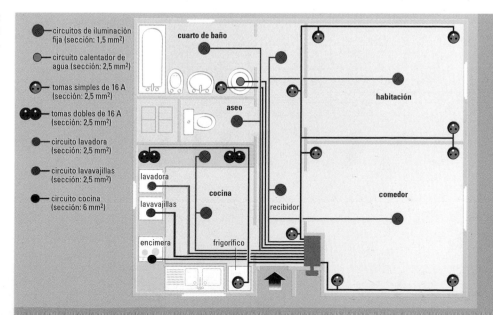

- circuitos de iluminación fija (sección: 1,5 mm²)
- circuito calentador de agua (sección: 2,5 mm²)
- tomas simples de 16 A (sección: 2,5 mm²)
- tomas dobles de 16 A (sección: 2,5 mm²)
- circuito lavadora (sección: 2,5 mm²)
- circuito lavavajillas (sección: 2,5 mm²)
- circuito cocina (sección: 6 mm²)

cuarto de baño
aseo
habitación
lavadora
cocina
lavavajillas
comedor
recibidor
encimera
frigorífico

– el enlace a tierra (conductor de color verde/amarillo).

Todos estos conductores tienen una sección de 2,5 mm². Están conectados en la base del enchufe; la fase y el neutro en los bornes hembra, la tierra en el borne macho (**véase croquis 1a, p. 31**).

El número de tomas por circuito está limitado a treinta (norma ITC-BT-25.3). Las tomas dobles se consideran una sola toma. Los alvéolos de las tomas de corriente deben encontrarse, como mínimo, a 5 cm del suelo.

Enchufes accionados. Se trata de unos enchufes accionados por un interruptor (por ejemplo, para encender una lámpara de una mesita de noche). El cable rojo de la fase sale del interruptor como cable marrón.

Encendido simple. El cable de fase pasa por el interruptor, mientras que el cable neutro (azul claro) y el cable de tierra (verde/amarillo) van directamente a la lámpara (**véase croquis 1b, p. 31**). Todos los conductores tienen una sección de 1,5 mm².

accionamiento de una lámpara con indicador luminoso

Encendido simple con indicador luminoso

Para no dejar encendida una lámpara en el exterior de una vivienda o en un sótano, por ejemplo, puede añadir un indicador luminoso en el interruptor. Este indicador se alimenta entre el hilo de fase (rojo o marrón) y el neutro.

esquema de un circuito de iluminación en doble encendido

Doble encendido

El interruptor de doble encendido permite accionar por separado dos grupos de bombillas de una misma lámpara.

El conmutador

Para accionar una o varias lámparas desde dos lugares diferentes, puede utilizar dos interruptores (**véase croquis 2, p. 31**). Sea cual sea el orden en que accione uno de los inversores, encenderá la lámpara si está apagada y la apagará si está encendida.

El conmutador puede ser sustituido por un telerruptor (**véase p. 31**). Su electricista le informará sobre las ventajas y los inconvenientes de los diferentes tipos de circuitos.

Montar los interruptores inversores de un conmutador

1. Identifique los tres hilos que llegan a la caja empotrada del primer interruptor: la fase (rojo) y los dos hilos lanzadera (negro).

2. Empalme el hilo de fase (rojo) en el borne del medio del primer interruptor, así como los dos hilos lanzadera, uno a cada lado.

3. Empalme la conexión hacia la bombilla (marrón) en el borne del medio del segundo interruptor y los dos hilos lanzadera a cada lado.

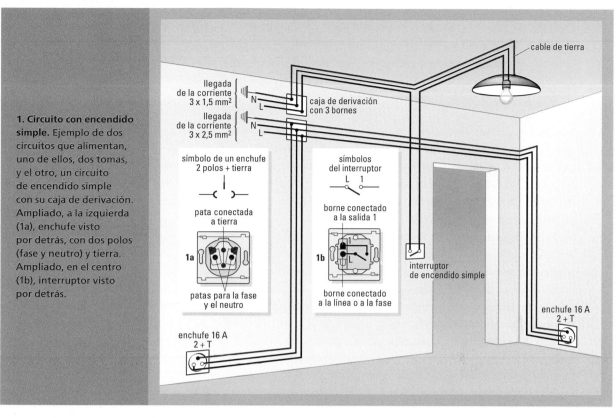

1. Circuito con encendido simple. Ejemplo de dos circuitos que alimentan, uno de ellos, dos tomas, y el otro, un circuito de encendido simple con su caja de derivación. Ampliado, a la izquierda (1a), enchufe visto por detrás, con dos polos (fase y neutro) y tierra. Ampliado, en el centro (1b), interruptor visto por detrás.

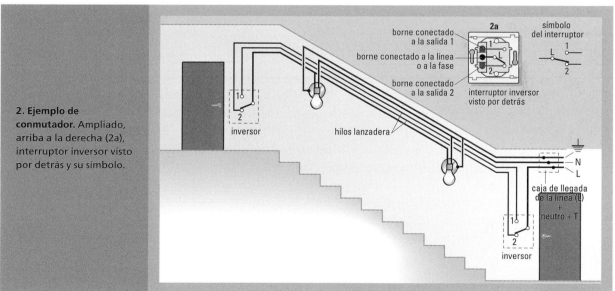

2. Ejemplo de conmutador. Ampliado, arriba a la derecha (2a), interruptor inversor visto por detrás y su símbolo.

Telerruptor y temporizador

El telerruptor. Cuando se trata de accionar la iluminación de una o de varias bombillas desde más de dos lugares (en un pasillo, en un recibidor o en una escalera, por ejemplo), puede instalar un telerruptor en una caja de conexiones o en su tablero de distribución. Es un electroimán que, con cada impulso de corriente que recibe a través de unos pulsadores, abre o cierra un contacto.

El temporizador. Es un interruptor temporizado: cuando transcurra un pulsador, se acciona el cierre de un contacto que se abrirá automáticamente con un tiempo preestablecido (por ejemplo, de 30 segundos a 5 minutos). El temporizador, colocado en un tablero de distribución, está protegido por un fusible o un interruptor.

Iluminación automática

La iluminación automática permite encender automáticamente una lámpara cuando cae la noche o cuando una persona entra en un local. Requiere el uso de una célula fotoeléctrica o de un detector de movimiento. Estudie bien el trayecto que desea iluminar a distancia para no dejar ningún punto estratégico sin iluminar. Si acaba de instalarse en el lugar, tenga en cuenta que las costumbres de circulación en ocasiones pueden variar al cabo de un tiempo.

Iluminación mediante célula fotoeléctrica. Para este tipo de iluminación, llamado también interruptor crepuscular, un módulo colocado en el tablero permite abrir o cerrar un contacto cuando se alcanza el umbral de luminosidad detectado por la célula (**véase croquis 1**). El módulo está alimentado a 230 V y conectado a una célula fotoeléctrica situada en el exterior. Es importante que la célula fotoeléctrica no esté iluminada, porque daría la orden de apagar la luz. El umbral de luminosidad se puede regular mediante un botón; una temporización evita los funcionamientos intempestivos.

Iluminación mediante detector de movimiento. Para la iluminación exterior de los lugares de paso o de las escaleras, puede utilizar un detector de movimiento por infrarrojos, que acciona una o varias bombillas (**véase croquis 2**). El detector debe recibir una alimentación de 230 V; también puede reemplazar un interruptor de encendido simple.

Cuando vaya a adquirir el detector, es importante que tenga en cuenta las siguientes características:

– el alcance, es decir, la distancia a la cual puede ser detectada una persona (de 2 a 12 m);

– el sector de detección, es decir, el ángulo de apertura de la detección (de 10º a 180º);

– el temporizador, es decir, el tiempo en que se mantiene cerrado el contacto desde que finaliza el movimiento que anteriormente se ha detectado (de 4 segundos a 15 minutos);

– la capacidad de detección en la oscuridad de la célula fotoeléctrica, cuyo umbral debe ser regulable.

Detector de movimiento.

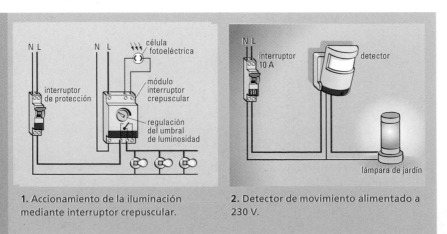

1. Accionamiento de la iluminación mediante interruptor crepuscular.

2. Detector de movimiento alimentado a 230 V.

Grandes electrodomésticos

Los grandes electrodomésticos (vitrocerámica, horno eléctrico, lavadora, etc.) son grandes consumidores de energía. Los aparatos que no superen los 3 kW pueden conectarse a las tomas de corriente habituales de 16 A + T de su instalación. Éstas forman parte de un circuito especializado con conductor de tierra, y la sección de los cables que los alimentan es de 2,5 mm². En el caso de los aparatos que superan los 3 kW, proceda de otro modo.

Eficacia energética

Una norma europea (Eurolabel) obliga a poner un etiquetado informativo sobre el consumo de energía de los electrodomésticos. La clasificación que aparece en las etiquetas nos informa de su nivel de consumo: de «económico» (A) a «poco económico» (G).

Ahorro de energía

Aunque tenga contratadas tarifas especiales, consulte la información sobre energía antes de elegir un electrodoméstico. Es un elemento de comparación esencial. En la parte superior de la etiqueta (gradación de flechas de verde a roja), común en todos los aparatos, se indica el nivel de consumo de energía con una letra, desde el más económico (A) hasta el menos económico (G). La parte inferior de la etiqueta está personalizada y las indicaciones que aparecen dependen del tipo de aparato. El más barato a la hora de la compra no siempre es el que consume menos.

Lavavajillas y lavadoras. Existen modelos de lavavajillas de doble entrada (agua caliente, agua fría) que pueden funcionar directamente con agua caliente (procedente de un calentador solar, por ejemplo). Ponga la máquina en marcha cuando esté completamente llena, porque la energía necesaria para calentar el agua será la misma tanto si está llena como si está vacía. De lo contrario, utilice el ciclo «eco» o «media carga». En el caso de la lavadora,

Enchufe con tapa de protección.

En la cocina, piense en alejar al máximo el frigorífico de la vitrocerámica.

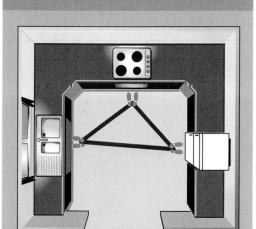

Si puede, organice las diferentes partes de la cocina alrededor de un «triángulo de actividades». Los tres ángulos corresponden al frío, al calor y al agua. Lo ideal sería que la suma de los lados del triángulo de trabajo no superara los 7 m para evitar largos e inútiles desplazamientos.

también se puede equipar con una doble entrada. Cabe destacar que un programa de baja temperatura a 30 o 40° consume 3 veces menos electricidad que un ciclo a 90°.

Vitrocerámicas. Las vitrocerámicas son uno de los aparatos que más electricidad consumen, junto con la secadora, la plancha o la central de vapor. De hecho, prácticamente ninguna secadora tiene en la etiqueta de consumo de energía una A ni una B.

Aparatos de frío. Frigorífico y congelador representan el 30 % del consumo de electricidad en el hogar. Si están equipados con una ventilación que evita la formación de escarcha, todavía consumen más energía. Evite colocarlos cerca de una fuente de calor (radiador, encimera, etc.).

La conexión de estos aparatos merece una atención especial; además, deben cumplir siempre la normativa, que cambia con el tiempo.

¿Qué tipo de conexión?

▶ En el caso de un gran electrodoméstico de más de 3 kW, y hasta 4,5 kW, se utiliza, en general, un enchufe de una potencia de 20 A y un cable con una sección de 4 mm^2. Un cortacircuito con fusible de 25 A o un interruptor de distribución de 32 A garantizan la protección del circuito.

▶ Para un aparato que todavía consuma más energía (entre 4,5 y 7 kW), se debe prever una toma de 32 A y un cable con una sección de 6 mm^2, así como un cortacircuito con fusible de 32 A o un interruptor de distribución de 38 o 40 A (indicaciones válidas para una tensión monofásica de 230 V).

No olvide cortar la corriente con el interruptor general antes de manipular la instalación. Actualmente, los cordones y las tomas de conexión ofrecen total seguridad, aunque también puede realizar un empalme directo (**véase secuencia inferior**).

Empalme directo de un electrodoméstico grande

1. Elija el tipo de caja que quiere utilizar (empotrada o en aplique). La parte delantera siempre es una placa simple; el cable pasa por debajo.

2. Empalme los hilos del mismo color en regletas de tamaño adaptado al diámetro de los hilos (6 mm^2 para una encimera de cuatro fogones y un horno).

3. Fije el aprietacables.

El caso particular del cuarto de baño

Por motivos de seguridad, el cuarto de baño está sometido a una normativa particular que define unas zonas en las que están prohibidos ciertos aparatos eléctricos (**véase** cuadro y croquis **1**). Todas las partes metálicas de un cuarto de baño, además, deben estar conectadas a tierra.

Volúmenes de protección

Volumen 0. Se trata del volumen interior de la bañera o del plato de ducha.
Volumen 1. Comprende el volumen que se halla por encima de la bañera o del plato de ducha (a una altura de 2,25 m a partir del fondo de la bañera o del plato de ducha).
Solo se autorizan algunos calentadores de agua y una iluminación de seguridad alimentada en muy baja tensión (MBT) de 12 V.
Volumen 2. Es el volumen que se halla contiguo a la bañera o al plato de ducha (planos verticales a 0,60 m de los bordes de la bañera y/o del plato de ducha).
Volumen 3. Es la zona de 2,40 m de profundidad situada alrededor del volumen 2.
El espacio situado debajo de la bañera, si está cerrado y es accesible solo a través de una trampilla que requiera una herramienta para ser abierta, no forma parte de los volúmenes de 0 a 3.

Conexión equipotencial

Umbrales metálicos, masa de los radiadores, calentador de agua, canalizaciones de agua hacia la bañera, la ducha y el lavabo, evacuaciones metálicas, bañeras metálicas, apliques o lámparas deben estar conectados entre sí por un conductor

MATERIAL ELÉCTRICO AUTORIZADO EN LOS DIFERENTES VOLÚMENES DE UN CUARTO DE BAÑO					
Material	**Medidas de protección**	**En los volúmenes**			
		0	**1**	**2**	**3**
Lavadora, secadora	Clase I	prohibido	prohibido	prohibido	autorizado
Aparatos de calefacción	Clase I	prohibido	prohibido	prohibido	autorizado
	Clase II	prohibido	prohibido	autorizado	autorizado
Iluminación (1)	Clase I	prohibido	prohibido	prohibido	autorizado
	Clase II	prohibido	prohibido	autorizado	autorizado
	TBTS 12 V	autorizado	autorizado	autorizado	autorizado
	Transformador de separación	prohibido	prohibido	prohibido	autorizado
Calentador de agua instantáneo	Clase I	prohibido	autorizado	autorizado	autorizado
Cal. de agua por acumulación	Clase I	prohibido	autorizado	autorizado	autorizado
Interruptor	TBTS 12 V	prohibido	autorizado	autorizado	autorizado
Enchufe (2P + T)		prohibido	prohibido	prohibido	autorizado
Enchufe maquinilla afeitar	Transformador de separación	prohibido	prohibido	autorizado	autorizado
Transformador de separación		prohibido	prohibido	autorizado	autorizado

Estos materiales están alimentados por un dispositivo diferencial de 30 mA.
(1) El transformador debe colocarse fuera de los volúmenes 1 y 2.

Aparatos prohibidos
Aparatos autorizados

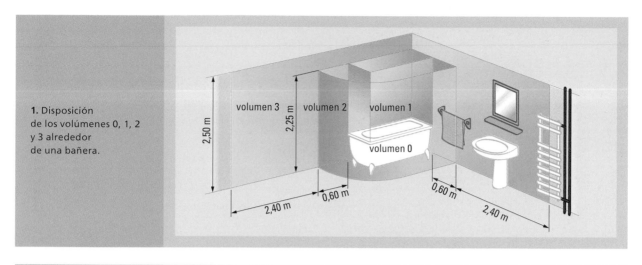

1. Disposición de los volúmenes 0, 1, 2 y 3 alrededor de una bañera.

volumen 3   volumen 2   volumen 1

volumen 0

2,50 m   2,25 m

2,40 m   0,60 m   0,60 m   2,40 m

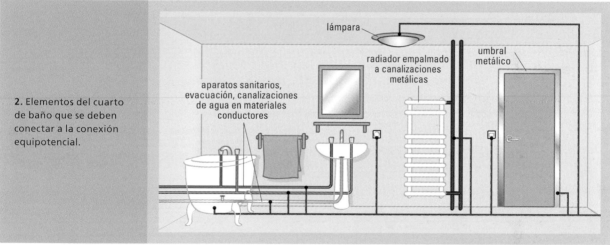

2. Elementos del cuarto de baño que se deben conectar a la conexión equipotencial.

lámpara

radiador empalmado a canalizaciones metálicas

umbral metálico

aparatos sanitarios, evacuación, canalizaciones de agua en materiales conductores

de tierra (de sección 2,5 mm^2 si está colocado sin moldura o en un conducto; en caso contrario, de 4 mm^2). Esta conexión, llamada equipotencial **(véase croquis 2),** se conecta a la barra de tierra del tablero de distribución.

Material eléctrico y protección contra los choques eléctricos

Algunos aparatos eléctricos llevan un símbolo que indica el nivel de protección contra el contacto por parte de las personas y contra la penetración de agua:
– material de clase II de doble aislamiento que no es necesario conectarlo a tierra (maquinilla eléctrica, secador de pelo, aparatos de iluminación para cuarto de baño, etc.);
– material de clase I que se debe conectar a tierra (frigoríficos, vitrocerámicas, lavadora, etc.);
– material protegido contra las caídas verticales de gotas de agua (condensación), que se utilizan en los locales húmedos y, en especial, en los sótanos;
– material protegido contra las salpicaduras de agua (proyecciones), que se utiliza, en los cuartos de baño;
– material protegido contra los chorros de agua, que se utiliza, en particular, en el exterior de los edificios.

Material de clase II.

Material de clase I.

Material protegido contra las caídas verticales de gotas de agua.

Material protegido contra las salpicaduras de agua.

Material protegido contra los chorros de agua.

Reparaciones y pequeñas intervenciones

Principales averías

Las causas de avería de una instalación eléctrica son numerosas, y algunas son difíciles de detectar. Para volver a poner en marcha una instalación, aunque solo sea parcialmente a la espera de una reparación definitiva, asegúrese primero de que el corte de corriente no se deba a la compañía. Si no es así, puede tratarse:

– de una avería general de su instalación (**véase diagrama 1, p. 40**);

– de una avería que afecta solo a una parte de la instalación (**véase diagrama 2, p. 40**).

La mayoría de las averías se producen a causa de los principales tipos de fallos: corte del circuito, cortocircuito o sobrecarga.

Corte de un circuito

Cuando se corta un cable, la corriente no puede circular por el circuito. Estos cortes suelen deberse a un mal cierre de los conductores en la instalación (toma de corriente, interruptor) o al deterioro de un interruptor.

También puede provocarlos el hecho de tocar accidentalmente una línea durante unas obras (perforación de un agujero en la pared, colocación de un tornillo o un clavo, etc.).

Asimismo, en una instalación vieja que no cumpla la normativa vigente, una mala conexión debido a un mal empalme (en lugar de un dispositivo de conexión) o una sección insuficiente de los conductores pueden provocar un corte de la corriente.

Mal contacto. Cuando un borne se afloja o el contacto de un interruptor se deteriora, puede producirse un corte ocasional o por intermitencia. En el caso de un interruptor, se suele observar una crepitación o vacilación de la lámpara accionada por ese interruptor.

 Cuando elija las bombillas, respete las indicaciones que figuran en la etiqueta de la lámpara. Una bombilla demasiado potente puede calcinar el cable de alimentación y el casquillo, e incluso provocar un cortocircuito.

Cortocircuito

Se produce cuando dos hilos de polaridades diferentes (fase y neutro, dos fases) se tocan. Esto provoca un arco eléctrico y la fusión de los hilos, pero, a menudo, los fusibles se funden o el interruptor salta. Generalmente, suele oírse un ruido parecido a una detonación.

No deje que las averías eléctricas le sorprendan. Tenga siempre bombillas y fusibles de recambio en el sótano o en el garaje.

El cortocircuito, en general, responde a una acción concreta, como la conexión de un aparato eléctrico defectuoso, una toalla húmeda colocada sobre un radiador eléctrico adicional, el encendido de una lámpara a través de un interruptor o una línea eléctrica dañada al practicar un agujero en la pared. Pero también pueden ser daños producidos por el agua y que afecten a las líneas eléctricas o, en una instalación antigua, resultar del deterioro de un material eléctrico no adecuado.

En caso de **cortocircuito**, es necesario identificar y erradicar la causa de la avería antes de volver a poner en tensión el circuito averiado. Realice primero la reparación, después vuelva a poner en marcha el interruptor o cambie el fusible.

Si el incidente ha sido provocado por un aparato defectuoso y no puede repararlo, déjelo desconectado.

Si no consigue descubrir qué problema tiene el circuito que falla, déjelo sin tensión y ponga en marcha únicamente los otros circuitos a la espera de la intervención del electricista.

Sobrecarga

Puede producirse cuando un número demasiado elevado de aparatos se conectan a un mismo circuito. En este caso, basta con desconectar algún aparato que consuma bastante energía para restablecer la corriente. Si este tipo de avería suele suceder con demasiada frecuencia, puede solicitar a la compañía eléctrica que aumente la potencia que tiene contratada o bien instalar un descongestionador para cortar los circuitos no prioritarios en caso de sobrecarga.

¿Cómo proceder en caso de avería?

Sea cual sea la avería, no saque conclusiones demasiado precipitadas. Cuando el interruptor (**véase** **p. 27**) salta, significa que la corriente se corta. Se debe volver a poner en marcha para restablecer el circuito eléctrico. Si el interruptor salta de nuevo, puede indicar un consumo excesivo con relación al servicio al que está abonado u otra causa que deberá descubrir. Hágase las siguientes preguntas y actúe en consecuencia:

1. ¿Qué ha pasado exactamente?
2. ¿Cuáles son las posibles causas?
3. ¿Qué hay que hacer para resolver la avería?
4. Intervenga en función de sus hipótesis o de sus deducciones.
5. Compruebe si su intervención ha tenido los resultados esperados.

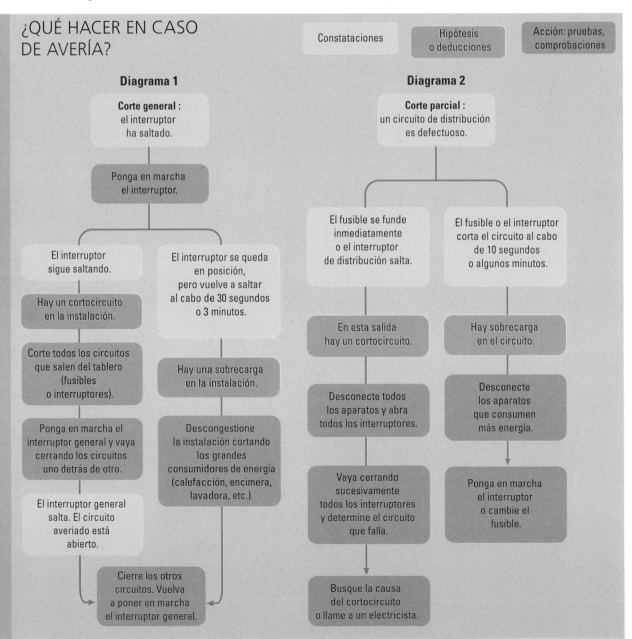

¿QUÉ HACER EN CASO DE AVERÍA?

Constataciones | Hipótesis o deducciones | Acción: pruebas, comprobaciones

Diagrama 1

Corte general :
el interruptor ha saltado.

Ponga en marcha el interruptor.

El interruptor sigue saltando.

El interruptor se queda en posición, pero vuelve a saltar al cabo de 30 segundos o 3 minutos.

Hay un cortocircuito en la instalación.

Corte todos los circuitos que salen del tablero (fusibles o interruptores).

Hay una sobrecarga en la instalación.

Ponga en marcha el interruptor general y vaya cerrando los circuitos uno detrás de otro.

Descongestione la instalación cortando los grandes consumidores de energía (calefacción, encimera, lavadora, etc.).

El interruptor general salta. El circuito averiado está abierto.

Cierre los otros circuitos. Vuelva a poner en marcha el interruptor general.

Diagrama 2

Corte parcial :
un circuito de distribución es defectuoso.

El fusible se funde inmediatamente o el interruptor de distribución salta.

El fusible o el interruptor corta el circuito al cabo de 10 segundos o algunos minutos.

En esta salida hay un cortocircuito.

Hay sobrecarga en el circuito.

Desconecte todos los aparatos y abra todos los interruptores.

Desconecte los aparatos que consumen más energía.

Vaya cerrando sucesivamente todos los interruptores y determine el circuito que falla.

Ponga en marcha el interruptor o cambie el fusible.

Busque la causa del cortocircuito o llame a un electricista.

Probador de fusibles.

Cambiar un fusible

El cortacircuito con fusible está formado por un portafusible y un fusible. Este último lleva un hilo conductor calibrado en función del circuito que debe proteger. Cuando la intensidad de la corriente que lo atraviesa supera el valor para el que está regulado el fusible, este hilo se calienta y termina destruyéndose, provocando el corte del circuito.

Diferentes calibres de cartuchos

En los cortacircuitos modernos, el fusible tiene forma de cartucho y su tamaño (diámetro y longitud) corresponde a una intensidad (A) [**véase tabla inferior**]. Al cambiar un fusible defectuoso hay que respetar obligatoriamente su calibre. Instalar un fusible de recambio de calibre incorrecto, o incluso intentar repararlo, significa poner en peligro la protección del circuito y puede provocar un incendio.

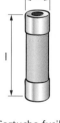

Cartucho fusible.

Ha saltado un fusible, ¿qué hacer?

Corte siempre la corriente con el interruptor general antes de cambiar un fusible.
Identificar el circuito que falla. Si los fusibles del tablero de distribución llevan una etiqueta donde se indica a qué corresponden (vitrocerámica, «luz habitación», etc.) o si utiliza fusibles con indicadores luminosos o una señal de fusión (eyección de una pieza de color en caso de incidente, **véase croquis lateral**), podrá identificar fácilmente el circuito defectuoso. En caso contrario, deberá probar uno a uno los fusibles hasta encontrar el que falla.
Probar un cartucho. Si no tiene probador de fusibles, ponga el voltímetro (o controlador universal) en «ohmiómetro» y mida la resistencia de cada cartucho. Una resistencia infinita indica que el fusible es defectuoso.

Sustitución de los fusibles

Algunos sistemas antiguos no ofrecen una protección suficiente en caso de sobrecarga o de cortocircuito y deben ser sustituidos obligatoriamente por cortacircuitos de cartucho calibrado o, aún mejor, por interruptores de distribución.

Fusible con patas de porcelana con cable montado en forma de S.

Fusible de lámina.

antes de la fusión

después de la fusión

Cartucho con indicador de fusión.

CALIBRACIÓN Y TAMAÑO DE LOS FUSIBLES			
Dimensiones en mm (d x l)	Calibres en amperios	Tensión máxima de uso en voltios	Principales usos
6,3 x 23	de 2 a 10	250	circuito de accionamiento
8,5 x 23	de 2 a 10	250	circuito de accionamiento
8,5 x 23	10	250	circuitos de luz
10,3 x 25,8	16	250	circuitos de enchufes
8,5 x 31,5	20	400	calentador de agua
10,3 x 31,5	25	400	lavadora
10,3 x 38	32	400	vitrocerámica

lámina de contacto — cartucho — lámina de contacto

20A

10A

visor luminoso — espacio para la pila LR 06

Probador de fusible.

Identificar la causa de la avería. Cabe destacar que antes de reemplazar un fusible defectuoso, siempre se debe reparar la causa de la avería (véanse pp. 38 a 40) y efectuar las reparaciones necesarias.

En caso de sobrecarga, desconecte algunos aparatos, cambie el fusible destruido y vuelva a poner en marcha la instalación.

En caso de cortocircuito, primero deberá eliminar su causa. Si la avería no se ha producido al conectar un aparato en concreto, es necesario desconectar todos los aparatos del circuito e inspeccionarlos. Si esta búsqueda resulta infructuosa, cambie el fusible estropeado y vuelva a conectar la instalación, pero dejando desconectados todos los aparatos del circuito. En el caso de que el circuito vuelve a cortarse, deberá proceder a la comprobación de la línea.

Cambiar un portalámpara

Aparte de tener la bombilla fundida, la razón más frecuente del mal funcionamiento de una lámpara es el empalme incorrecto de los conductores a nivel del casquillo. Cuando se ha cortado un cable, hay un mal contacto o se ha producido un cortocircuito en el portalámpara es preferible cambiarlo en lugar de repararlo.

Material y herramientas

Los casquillos más utilizados son los de rosca E 27 (véase esquema p. 43) o los de bayoneta B 22 (véase cuadro inferior). En ambos casos, el empalme se realiza con bornes de tornillo. Para cambiar el portalámpara, necesitará un destornillador, unos alicates y un pelador de cables (o un cuchillo).

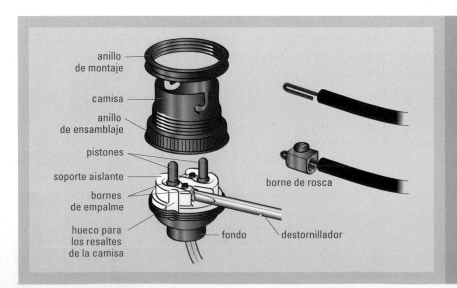

anillo de montaje

camisa

anillo de ensamblaje

pistones

soporte aislante

bornes de empalme

hueco para los resaltes de la camisa

fondo — destornillador

borne de rosca

Portalámpara de bayoneta de tipo B 22 con doble anillo de latón.
A la derecha: empalme del cable con el borne de conexión.

Su confort también
depende del mantenimiento
de la instalación eléctrica.

Cambio del portalámpara

En primer lugar, corte la corriente con el interruptor general y la salida del circuito en cuestión, o desconecte el enchufe de la corriente si se trata de una lámpara de pie (Atención: no basta con apagar solo el interruptor móvil).

Desmontaje del portalámpara. Afloje los anillos y la camisa del portalámpara defectuoso. Los portalámparas de plástico para bombillas de rosca suelen estar dotados de una pestaña o un pitón que bloquea el portalámpara cuando se desenrosca la bombilla. Para poder sacar la camisa, debe apretar el pitón o hundir la pestaña.

Empalme de los hilos. Desconecte los hilos. Compruebe su estado; no dude en cortar un hilo que esté negro por la parte ennegrecida. Pele los cables unos 10 o 12 mm, trénculos y dóblelos antes de introducirlos en los bornes del portalámpara (véase croquis p. 42) y de apretar la conexión.

No olvide pasar primero los cables por el fondo del portalámpara y, en el caso de los casquillos de bayoneta, posicionar correctamente los resaltes de la camisa en los huecos del soporte aislante. Vuelva a montar el portalámpara fijándolo en su soporte y ponga una bombilla. Vuelva a dar la corriente o enchufe la lámpara y haga una prueba.

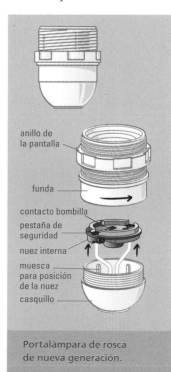

anillo de
la pantalla

funda

contacto bombilla
pestaña de
seguridad
nuez interna

muesca
para posición
de la nuez

casquillo

Portalámpara de rosca
de nueva generación.

Cambiar un interruptor móvil

Las lámparas de pie suelen conectarse a través de un cable y un enchufe con tres conductores (fase, neutro y tierra). El accionamiento se realiza a través de un interruptor de pie o de un regulador de intensidad. En el caso de una lámpara de mesa (una lámpara de mesita de noche, por ejemplo) es preferible un interruptor aéreo (**véase** **secuencia p. 45**).

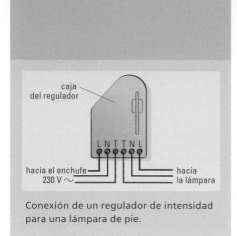

Conexión de un regulador de intensidad para una lámpara de pie.

Elección del interruptor

El interruptor accionado con el pie es muy frágil a nivel mecánico (porque es bastante pequeño) y eléctrico (2 A, 250 V), lo cual limita su uso a una iluminación con bombillas de una potencia de solo 40 W a 100 W. En caso de potencia superior de las bombillas, para una iluminación con una bombilla halógena de 500 W o de 1 000 W, por ejemplo, es conveniente instalar un regulador móvil acoplado a un interruptor.

Reemplazar un interruptor de pie

Empiece desconectando la lámpara. A continuación, desmonte el interruptor existente y desconecte los hilos. Desmonte el interruptor nuevo y afloje los tornillos de los bornes de conexión. Empalme el hilo o los hilos, dependiendo de si el interruptor es unipolar o bipolar, después vuelva a montar el interruptor en su caja y haga una prueba.

Las lámparas de pie pueden accionarse con un interruptor de pie o con un regulador de intensidad.

Desmontar un interruptor y comprobar la posición de los cables

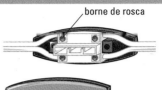

borne de rosca

rosca

1. Afloje los tornillos con el fin de que pueda abrir la caja por la mitad.

2. Compruebe la posición de los cables y vuelva a apretar los tornillos de los cuatro bornes.

Interruptor de pie.

Regulador de intensidad.

Instalar un regulador de intensidad

El montaje de un regulador de intensidad se realiza según el esquema de la página anterior (**véase croquis p. 44**). El cable que procede de la toma tiene tres hilos (marrón o rojo, azul claro y verde/amarillo). Una vez pelados, empálmelos en los tres bornes de entrada (L = línea, N = neutro, T = tierra) y proceda del mismo modo con los tres bornes de salida. Vuelva a montar la tapa del regulador y haga una prueba. En el caso de lámparas halógenas, asegúrese de que la potencia de las lámparas es inferior a la aplicada por el regulador.

Cambiar un interruptor mural

El mecanismo de los interruptores se deteriora después de un número determinado de operaciones, momento en el que hay que cambiarlos. Esta operación, así como la sustitución de un interruptor simple por un regulador de intensidad o por un detector de movimiento (**véase recuadro p. 46**), es fácil de realizar.

Interruptores móviles.

Material y herramientas

Un interruptor mural puede estar empotrado o montado a la vista. En el primer caso, la caja se fija a la pared con grapas o tornillos; en el segundo, es preferible utilizar un interruptor que pueda montarse encima de la caja. Si se trata de un circuito de conmutador, compre un interruptor inversor. Para sustituir un interruptor, basta un simple destornillador.

Reemplazar el interruptor mural

Corte la corriente con el interruptor general. Afloje la fijación del interruptor o haga saltar el protector con un destornillador. Si es necesario,

Un simple destornillador basta para cambiar un interruptor.

Reemplazar un interruptor por un regulador de intensidad

Existen reguladores de intensidad del mismo tamaño que un interruptor. (Compruebe la profundidad de la caja, que debe ser de 40 mm.) Estos reguladores no necesitan ser alimentados entre fase y neutro y, por lo tanto, pueden reemplazar un interruptor simple.

... o por un interruptor automático

Un interruptor automático lleva un detector infrarrojo de movimiento. Cierra el circuito de iluminación y enciende una bombilla en cuanto se produce un movimiento en la zona de vigilancia y la corta después de un plazo de tiempo, que puede ajustarse desde 6 segundos hasta 6 minutos.

PA

regulador de intensidad

Esquema de montaje de un interruptor regulador.

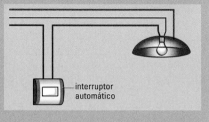

interruptor automático

Montaje de un interruptor automático.

Accesorios de empalme.

saque el interruptor de la caja. Compruebe si se trata de un interruptor simple o de un inversor (conmutador). En este último caso, fíjese en el color del hilo empalmado en el borne común. Desconecte los hilos del interruptor antiguo. Después, afloje los bornes del interruptor nuevo, coloque los hilos y apriete los tornillos de cada borne (**véase foto p. 45**); en el caso de un conmutador, los hilos lanzadera son del mismo color, negro o marrón (**véase secuencia p. 30**). Vuelva a poner el interruptor en su caja y fije la cara delantera del aplique en la pared. Ponga en marcha el interruptor general y haga una prueba.

Empalme de los conductores

La calidad de una instalación eléctrica depende de la correcta ejecución de las conexiones: cuando un contacto se afloja, la instalación deja de funcionar. Por esta razón, la conexión de los conductores debe realizarse únicamente a través de un dispositivo de conexión apropiado, como una barra de conexión, un repartidor o una regleta de conexión, o en los bornes de un enchufe o de un interruptor. En todos los casos, están prohibidos los empalmes que se realizan entrelazando los hilos eléctricos.

Caja de conexiones.

Dispositivos de conexión

La elección del dispositivo de conexión depende de la sección de los conductores y de la intensidad de la corriente. Estos dispositivos pueden colocarse:
– en las cajas de conexiones;
– en las cajas para empotrar el aparejo cuando sus dimensiones lo permiten;

CARACTERÍSTICAS DE LAS REGLETAS DE CONEXIÓN		
Capacidad (mm²)	Sección del conductor (mm²)	Intensidad máxima (A)
4	2,5	24
6	6	41
10	10	57
16	16	76
25	25	101

– en los perfiles (molduras, zócalos, etc.) cuando sus dimensiones internas lo permiten.

¿Cómo realizar una conexión?

Pelar un conductor o un cable. Para poder empalmar los conductores a un dispositivo de conexión o a un aparejo, se deben pelar debidamente. Si se trata de un cable, haga una incisión en la vaina o las vainas exteriores con la hoja de un cuchillo o un cúter sin tocar los aislantes de los conductores; a continuación, tire de la vaina hacia la punta. Pele después cada uno de los conductores con un cuchillo o un cúter, un pelador de cables o unos alicates automáticos.

Tenga cuidado de no cortar la sección del conductor de cobre, tanto si es maciza como blanda (varios hilos). Cada corte representaría la ruptura inicial del conductor, que podría provocar el corte del circuito.

Empalmar los conductores. La conexión más simple se hace utilizando una regleta de conexión, o dominó.

▶ Afloje todos los tornillos e introduzca los dos o tres hilos por el mismo lado.

▶ Apriete enérgicamente todos los tornillos.

▶ Tire de los hilos para comprobar su fijación.

Cuando empalme conductores en los bornes de un aparejo, respete siempre la función de cada conductor (fase, neutro, tierra, hilo lanzadera), que podrá identificar por el color del aislante.

Cajas de conexión

Las cajas de conexión sirven para albergar un aparejo, como, por ejemplo, un enchufe o un interruptor, o para realizar una conexión, como en el caso de una caja de derivación. A los lados tienen una o varias entradas destinadas al paso de un cable con tubo o moldura, que es susceptible de abrirse con un destornillador o un punzón cuando haya elegido el emplazamiento más adecuado. Una instalación para iluminación con dos interruptores montados en conmutador incluirá la canalización de llegada de la corriente, la de salida hacia la bombillas, así como las canalizaciones de salida hacia los dos interruptores. Las cajas de conexión situadas en un local húmedo o bien en el exterrio de la vivienda deben ser estancas y deben llevar una tapa atornillada o con clip para que la humedad no pueda penetrar.

© Brique de Vaugirard

Modificar un circuito eléctrico

Hilos, cables y aparejos

Hilos y cables: los conductores

Los conductores eléctricos permiten transportar la energía eléctrica hacia los lugares de utilización. Pueden ser flexibles (como en el caso de una maquinilla eléctrica) o rígidos (un enchufe, por ejemplo).

Hilo y cable. Un hilo está formado únicamente por el conductor en cobre y su aislante. Puede ser rígido (un solo conductor) o flexible (varios hilos). El cable es un conjunto de 2, 3, 4 o 5 hilos montados en hélice y recubiertos con una o varias vainas.

Sección y potencia. La sección de un conductor depende de la intensidad de la corriente que debe atravesarlo. Con una tensión de 230 V, esta intensidad corresponde a una potencia suministrada por la red de distribución. Para un enchufe de 10 hasta 24 A, por ejemplo, la sección siempre es de 2,5 mm² (véase cuadro p. 46)

Parte aislante. Es de policloruro de vinilo (PVC) o de polietileno reticulado (PR) o también de goma sintética. Aísla los hilos en tensión entre sí y protege al usuario contra el contacto directo con estos. El color del aislante sirve para identificar la función del hilo (véase recuadro).

Los colores de los conductores

Para facilitar la identificación de los diferentes hilos conductores, se han normalizado los colores de los aislantes:

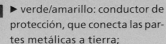 ▶ azul claro: conductor neutro;

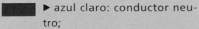 ▶ verde/amarillo: conductor de protección, que conecta las partes metálicas a tierra;

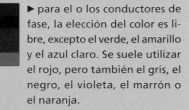 ▶ para el o los conductores de fase, la elección del color es libre, excepto el verde, el amarillo y el azul claro. Se suele utilizar el rojo, pero también el gris, el negro, el violeta, el marrón o el naranja.

La elección de los conductores

Cabe destacar que la elección de un hilo o de un cable depende del uso al que se vaya a destinar. En el caso de una canalización eléctrica fija (instalación en tubo o moldura), se prefieren los conductores rígidos; en el caso de una canalización móvil (conexión de un aparato eléctrico o de una bombilla a un enchufe), principalmente se emplean cables flexibles. Para las instalaciones telefónicas, la cadena de alta fidelidad y la televisión, existen distintos cables específicos.

Una serie de letras y cifras indica las características del hilo o del cable, es decir, conformidad con las normas internacionales o nacionales, tensión nominal y tipo de aislante (VV para el PVC), alma del conductor, etc. Por ejemplo, la denominación H 03 VV-2F se utiliza en el caso de un cable flexible de conexión para una lámpara de mesita de noche, un aparato de radio o un televisor.

Enchufes e interruptores: el aparejo

El término aparejo designa cualquier material que sirve para conectar (enchufes, tomas telefónicas, etc.) o para conmutar (interruptores, reguladores). Existe una gran variedad de modelos para todas las funciones y formas de montaje: visto, empotrado o para colocar en un zócalo. Para el emplazamiento y la colocación del aparejo en el cuarto de baño, la normativa es más estricta (**véase p. 36**).

Aparejo saliente. Es más fácil de instalar o de reemplazar porque su montaje no estropea la decoración. Su fijación en la pared se realiza con tornillos y clavijas. La colocación saliente es obligatoria en el caso de tomas telefónicas.

Aparejo empotrado. La instalación del aparejo en una caja redonda (Ø 60 mm) con una fijación mediante grapas permite, en general, conservar la caja antigua cuando se debe sustituir el aparejo, pero esta queda en bastante mal estado al arrancarla. La fijación del aparejo con tornillos en una caja cuadrada en el caso de una pared de obra, o Redonda, en el caso de un tabique hueco, representa una mejor solución, pero obliga a fijar la nueva caja en el yeso de la pared.

Una colocación en moldura o a lo largo de los zócalos permite actuar más fácilmente.

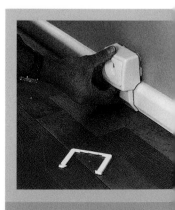

Enchufe añadido.

Añadir un enchufe

La instalación de un enchufe de más se puede realizar de dos maneras: a partir de una caja de derivación o a partir de un enchufe ya existente. La dificultad del montaje reside, a menudo, en el paso de las puertas. Si utiliza un sistema de molduras y de zócalos prefabricados, el empalme del nuevo enchufe queda considerablemente simplificado. Las tapas suministradas con estos sistemas facilitan el encaje entre la moldura y la caja del aparejo, así como el paso de un ángulo.

Accesorios de fijación, llamados de abrazadera.

Material adecuado

▶ Utilice hilo H07 V-R de tres colores (rojo, azul claro, verde/amarillo). La sección de los conductores debe ser siempre de 2,5 mm^2.
▶ Elija una moldura de plástico de 32 mm de ancho, que pueda albergar tres hilos de 2,5 mm^2 utilizados para un enchufe.
▶ Prepare un enchufe en superficie en una caja de plástico llamada marco, que corresponde a la serie del aparejo.

Instalar una toma eléctrica a partir de una existente

Prepare el marco del enchufe practicando una apertura para la llegada de los hilos y fíjelo a la pared con clavijas y tornillos.
Empalme de los hilos. Corte los hilos de modo que queden 10 cm de hilo de cada lado para el empalme.
▶ Pele los conductores de ambos lados. Empálmelos a los bornes del nuevo enchufe; el conductor verde/amarillo debe estar conectado al enchufe macho de la toma.
▶ A continuación, pase los 3 hilos por las dos ranuras de la moldura, la fase en una y el neutro y el conductor de tierra en otra.
▶ Corte la corriente en el interruptor general; después saque el enchufe existente de su base.
▶ Afloje los bornes e introduzca los hilos del mismo color en sus bornes respectivos. Después, apriételos de nuevo y vuelva a montar la base.
▶ Fije las protecciones de los dos enchufes y coloque las tapas del zócalo y de las molduras.
▶ Vuelva a dar la corriente y haga una prueba.

Caja saliente estanca.

Colocación con moldura

La mayoría de las instalaciones eléctricas realizadas en el momento de la construcción de la vivienda están empotradas en las paredes o en los tabiques. El empotramiento de nuevos conductos y cajas de aparejo para añadir uno o dos enchufes es una solución cara: hacer regatas en una pared o en un tabique entra en el terrero de las grandes reformas. Por otro lado, una línea vista fijada con clavos en forma de U es poco estética y no garantiza ninguna protección mecánica. En este sentido, la colocación bajo una moldura representa una buena solución intermedia.

Caja de derivación empotrable.

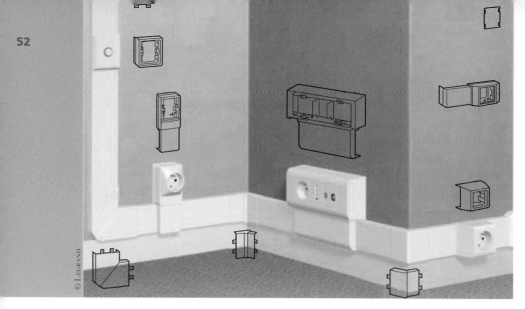

Molduras de zócalos: sistema de perfiles plásticos con accesorios.

Reglas a respetar

▶ Las molduras de plástico o de madera están prohibidas en los locales húmedos, en el exterior y en los locales en los que existe riesgo de incendio o de explosión.

▶ En el caso de las canaletas (molduras de gran tamaño) colocadas como zócalos, el conductor situado más abajo debe encontrarse a una distancia mínima de 1,5 cm del suelo.

▶ Los conductores de la instalación eléctrica deben colocarse en compartimentos diferentes de los utilizados para el teléfono o la televisión.

▶ Las molduras no deben quedar sumergidas en la obra; la tapa debe estar siempre a la vista y ser de fácil acceso.

▶ La altura mínima de los enchufes por encima del suelo debe ser de 5 cm en el caso de las bases de enchufe de 16 A y 20 A y de 12 cm para las bases de enchufe de 30 A.

Molduras de plástico

Los sistemas de perfiles (molduras y zócalos de plástico) incluyen el perfil (base y tapa) y los accesorios para realizar las funciones de unión, derivación, cambio de dirección y final. Las molduras pueden tener distintos grosores (12,5, 16 y 20 mm) y anchuras (20, 32, 40, 60 y 75 mm).

Recorte y fijación. Para un recorte óptimo, utilice preferentemente una sierra de hoja guiada o una sierra de dientes finos (sierra para metales o de costilla) y una caja para ingletes. La base y la tapa se unen con cinta adhesiva; las bases se fijan a la pared con cola, puntas o tornillos.

La pintura. Para que combinen con la decoración de la estancia, los zócalos, que se suministran en blanco, pueden pintarse directamente con una pintura glicero o tras haber aplicado primero una capa específica para PVC.

El aparejo. Existen aparejos (enchufes e interruptores) específicamente concebidos para las molduras, que facilitan una buena protección de las canalizaciones a lo largo de todo el trayecto.

Molduras de madera. Para reformar edificios antiguos, se pueden utilizar molduras de madera (zócalos, marcos con ranuras). Se distinguen en función del número de ranuras y de su sección. Está prohibido instalarlas es casas de madera.

Las molduras en zócalos son un sistema de perfiles de plástico y de accesorios adaptables a todo tipo de instalación saliente.

Suprimir los cables sueltos

Zócalos eléctricos de plástico para cables eléctricos, telefónicos y de antena.

Cuando instalamos un ordenador multimedia, el número y el emplazamiento de las tomas existentes (enchufes, tomas de teléfono o de red digital, entre otras cosas) suelen ser insuficientes. Para evitar tener que recurrir tanto a alargos como a enchufes múltiples, que son poco seguros y antiestéticos, es mejor colocar todas las tomas en el mismo sitio e instalar hilos y cables bajo zócalos y molduras.

Material y herramientas

Cuando se precisa pelar y empalmar los conductores, lo mejor es utilizar un destornillador de vástago aislado, unos alicates y un pelador de cables o un cuchillo. Si lo que desea es recortar zócalos y canaletas, utilice una sierra de hoja guiada. Para concluir, se deben limar los bordes con una lima fina.

Colocación de los zócalos y las canaletas

▶ Determine primero el emplazamiento de los nuevos enchufes y calcule la longitud de los zócalos y las canaletas, así como la de los cables que necesitará. Para los cables, debe prever un margen de al menos 10 cm en cada extremo para facilitar el empalme de los diferentes conductores. Para recortar los zócalos, junte la base y la tapa con cinta adhesiva para obtener un resultado más preciso.

▶ Empiece quitando los zócalos y molduras existentes con un arrancaclavos y una pequeña palanca, protegiendo la pared con un pequeño taco de madera.

▶ A continuación, recorte los zócalos y las canaletas a la medida adecuada y colóquelos unos tras otros (**véase** **secuencia**).

Colocación de zócalos eléctricos

1. Corte las nuevas secciones de zócalo a la longitud adecuada con una sierra de hoja guiada (o una caja de ingletes), y una la base y la tapa con cinta adhesiva.

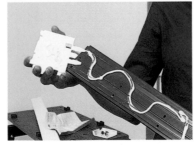

2. Encole el reverso del zócalo que sirve de unión con la canaleta con masilla cola, que deberá aplicar en zigzag para que la base se adhiera mejor a la pared.

3. Coloque la base del zócalo contra la pared para transferir la masilla; después retírela, deje secar durante 10 minutos y vuelva a colocarla. A continuación, fíjela a la pared con clavijas y tornillos.

Modificar un circuito de televisión

La introducción del vídeo, del lector de DVD, del cable y de la antena parabólica ha hecho más compleja la instalación de un circuito de televisión. La colocación de una antena parabólica debe respetar las leyes de urbanismo y, en el caso de vivir en un piso, requiere la autorización de los demás propietarios. Sin embargo, hay acciones simples que siguen estando al alcance de todos.

Dos intervenciones simples

Añadir tomas de televisión. Para instalar varias tomas de televisión (o tomas FM), se utiliza un repartidor. Es una caja que tiene una llegada y dos, tres o cuatro salidas. Su papel es hacer independiente cada una de las tomas (véase croquis 1).

Acoplar dos antenas. Para no modificar un circuito de televisión, es posible conectar una antena herciana con una antena de satélite mediante una caja de acoplamiento. Así, se obtiene un solo cable de bajada que puede llegar a un repartidor de varias direcciones o a una toma de TV (véase croquis 2).

Elegir el material adecuado

Es preferible utilizar cables para antenas de satélite en lugar de cables para antenas hercianas porque dan mejores resultados (menos pérdidas) y son válidos para ambas situaciones. Preste atención a los enchufes macho y hembra, así como a los diámetros correspondientes.

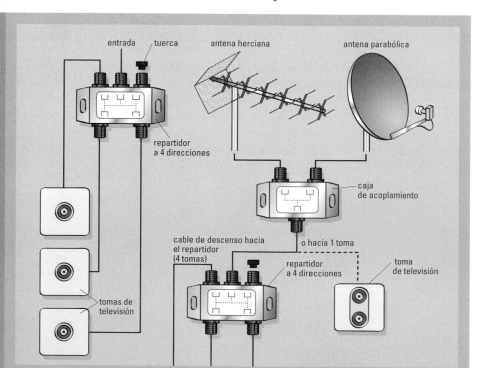

1. Repartidor con 3 tomas de televisión.

2. Acoplamiento de una antena herciana y de una antena parabólica.

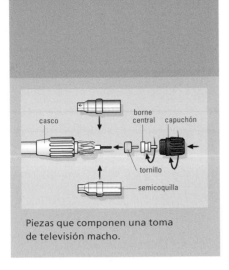

Piezas que componen una toma
de televisión macho.

El cable coaxial

Para conectar los diferentes elementos de un circuito de televisión, se utiliza un cable especial. Este cable, llamado coaxial, posee en el centro un conductor de cobre envuelto con un aislante y recubierto, a su vez, por una trenza de cobre. Todo ello está debidamente protegido por una vaina de plástico. El cable llega a una toma de televisión llamada base, que es suceptible de empotrarse o montarse en una base fijada a la pared. Esta toma puede ser macho o hembra. El televisor o el vídeo se conectan mediante un enchufe, que puede ser macho o hembra **(véase croquis lateral).**

Para pelar un cable coaxial, saque primero la vaina exterior con un cúter o un cuchillo y después doble la trenza metálica. Pele después el cable central con un cúter o un pelador de cables, respetando las medidas (por ejemplo, 3 mm de trenza metálica, 7 mm para el alma de cobre). Tenga cuidado de no cortar la trenza metálica ni seccionar el alma de cobre.

Conectar una toma fija de televisión

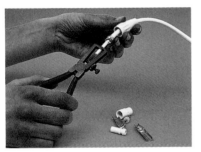

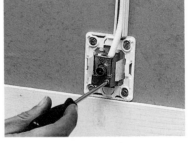

1. Pele el cable retirando la vaina exterior y doblando la trenza sobre la vaina. Después, retire el aislante central.

2. Coloque el cable pelado en la base de la toma de televisión después de haberla fijado a la pared.

3. Apriete el tornillo que mantiene el cable en posición y la trenza metálica; después vuelva a montar la caja.

Conectar un cable coaxial móvil

1. Pele el cable e introduzca el alma de cobre del otro extremo del cable en el borne central de la toma macho; después apriete la tuerca.

2. Coloque las dos semicoquillas del enchufe a lo largo del cartucho (casquillo y tuerca). Sus extremos cónicos deben adherirse a la trenza.

3. Vuelva a montar el casco para mantener en su sitio las patas del borne de masa; a continuación apriete el capuchón del enchufe.

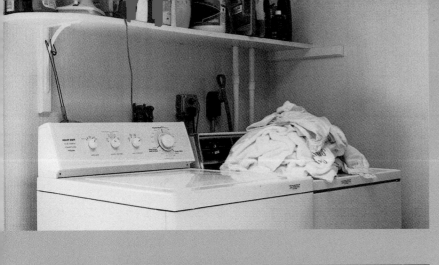

Fontanería

El equipo del fontanero

El juego de herramientas básico está formado principalmente por la sierra para metales, los alicates de extensión y el martillo.

1. Soplete de gas. Minisoplete de cartucho de butano con llama suficiente para soldar y estañar metales ligeros. Se utiliza para calentar las tuberías y los grifos congelados por el frío. También permite quemar pinturas antiguas o ablandar los materiales plásticos.

2. Alicates de extensión. Alicates multiusos cuyo eje de articulación puede colocarse en siete posiciones, que permite variar la apertura de los picos para sujetar tuercas de 6 mm o tubos de 40 mm.

3. Alicates de extensión gigantes. Alicates de grandes dimensiones (de 40 a 50 cm de largo) con una boca que puede aceptar diámetros importantes, de hasta 80 mm.

4. Alicates multiusos para sifón. Alicates acodados, especialmente destinados al desmontaje de los sifones. La boca dentada lleva unas mordazas para evitar que los fondos de los sifones se estropeen.

5. El cortatubos. Gato prensador de moleta destinado a recortar tubos metálicos. La apretura progresiva de la moleta cortante y la rotación del aparato trazan un surco periférico que secciona el tubo perpendi-

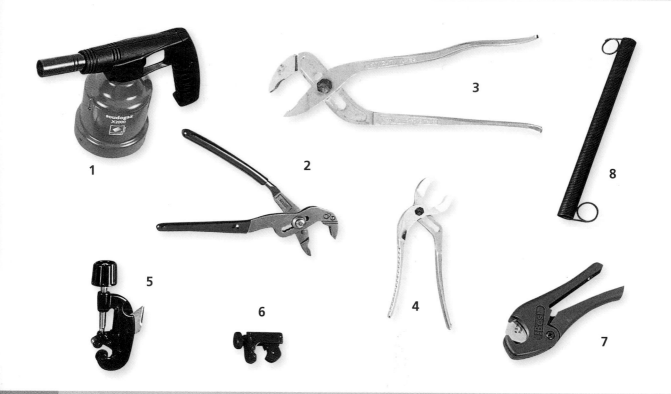

dición necesaria para evitar que el cobre adopte una forma oval.

10. Desatascador de bomba. Esta bomba hidráulica parece una jeringuilla enorme y se utiliza para desatascar los aparatos sanitarios embozados.

11. Sonda desatascadora. Largo cable revestido cuyos extremos

están equipados, respectivamente, con un cepillo metálico y una manivela. Al introducirla en una canalización obstruida, la sonda avanza girando hasta reducir el obstáculo que impide la circulación del agua.

12. Lapeador. Pequeño aparato para pulir formado por un

cuerpo cónico atravesado por un eje dotado en un extremo de una fresa cortante. Se utiliza para dejar en buen estado las bases de los grifos que tienen incrustaciones.

13. Matriz para cuellos batidos. Se trata de una técnica de empalme mecánico. La ejecución del cuello

cularmente a su eje. Preste atención a la calidad de la moleta: algunas sirven para cortar cobre rojo; otras, más afiladas, cortan tubos de acero. Algunos también llevan una hoja cortante para eliminar las rebabas del interior del tubo después de seccionarlo.

6. El minicortatubos. Se utiliza para los tubos de pequeños diámetros (8, 10 y 12 mm) que se deben seccionar in situ. Su rotación requiere poco espacio y permite cortar un tubo fijado en una pared después de soltarlo de las abrazaderas que lo sujetan.

7. Alicates cortatubos. Alicates que llevan incorporada una hoja de acero cortante destinada a cortar los tubos de plástico.

8. Muelle para curvar. Muelle de acero calibrado que permite curvar un tubo de cobre rojo sin que se aplaste. El diámetro interno del muelle debe corresponder al del tubo de cobre recocido. Durante el encorvado, el muelle sirve de camisa al tubo, que adopta una forma redondeada sin ovalarse.

9. Curvadora. La curvadora de mano está formada principalmente por una polea de garganta y una palanca de curvado. La rotación de la palanca alrededor de la polea curva el tubo de cobre según un ángulo preciso, indicado por el sector graduado grabado en la herramienta. La garganta circular de la polea corresponde al diámetro exterior del tubo, con-

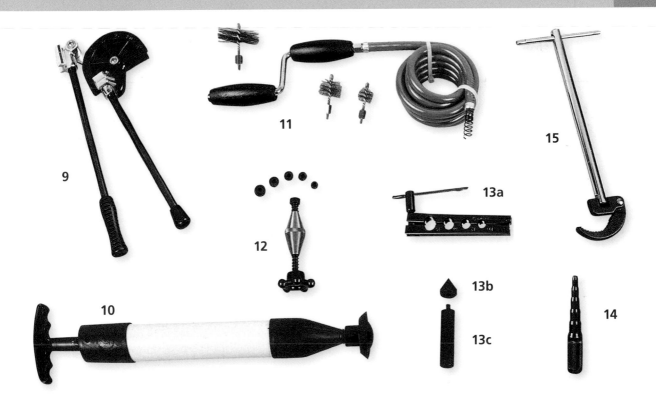

batido requiere la intervención de un profesional que utilizará:

13a. Una matriz, una especie de torno de mano que sirve para apretar el tubo sin aplastarlo.

13b. Una peonza cónica para ensanchar el extremo del tubo.

13c. Un mandril para aplastar el collarín.

14. Mandril con pivote de unión. Eje de metal escalonado con varios diámetros utilizado para ensanchar el extremo de los tubos de cobre. Este mandril, introducido con el martillo en un tubo recocido, agranda el diámetro interno algunos milímetros, permitiendo el encaje del tubo dentro de otro.

15. Llave articulada. Llave articulada con saliente cilíndrico utilizada por el fontanero para manipular las tuercas situadas debajo de los lavabos, o en la base de los grifos. Al tratarse de un lugar de difícil acceso, la llave se introduce verticalmente debajo del lavabo y se hace rotar con el husillo de maniobra.

El agua en casa

Llegada del agua a la vivienda

Suministro de agua

Normalmente, la distribución del agua se realiza a través de empresas privadas o municipales mediante una red de cañerías instaladas bajo tierra. Todas las viviendas están conectadas a esta red, que incluye, dentro de la vivienda o a través de un registro en el exterior, una llave de cierre general y un contador (**véase foto lateral**). La mayoría de las veces, este aparato se instala entre dos llaves para interrumpir la circulación de agua pero también para aislar el contador a la hora de cambiarlo. Al estar precintado, también sirve para contabilizar el consumo de agua en la vivienda.

A partir del contador, el propietario o el usuario son los responsables de la instalación y del mantenimiento de las cañerías y de los equipamientos conectados a estas.

Contador de agua instalado en una canalización entre dos llaves de cierre.

El primer elemento de este circuito es la llave de cierre general. Esta llave permite proceder a las operaciones de mantenimiento y de sustitución y aislar la instalación, en caso de escape importante o de ausencia prolongada.

Llaves de cierre. Las llaves son grandes grifos que se utilizan puntualmente. Los modelos más empleados son las llaves de rosca (**véase foto lateral**), cuyo mecanismo interior funciona como el de un grifo de salida de agua.

A veces, las llaves quedan fuera de servicio simplemente porque nunca se han manipulado.

Si observa alguna anomalía (escape, cierre incompleto, etc.), cambie esta llave de rosca por un nuevo modelo de bola (**véase foto lateral**).

Llave de cierre de rosca.

Llaves de purga. Completan la utilidad de las llaves de cierre, porque permiten vaciar la parte de la instalación que ha quedado cerrada con la llave de cierre. La llave de purga puede instalarse perpendicularmente en la canalización

Llave de bola. Una rotación de un cuarto de vuelta basta para abrir o cerrar la llave.

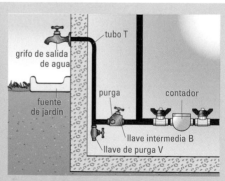

En un circuito que alimenta un punto de agua exterior, el complemento imprescindible para la llave de cierre es el pequeño grifo de purga que permite, en invierno, vaciar totalmente el agua de la canalización. Si no toma esta precaución, el agua podría helarse y el hielo reventaría el tubo.

Llave de cierre
con purga.

Reductor de presión.

Reductor de presión
con manómetro
de control.

o incorporarse directamente en la propia llave de cierre, lo cual es más simple (véase **foto lateral**).

Para purgar una canalización (véase **esquema p. 60**), cierre la llegada del agua (o llave intermedia B) y abra el grifo y la llave de purga (V) para expulsar el agua que quede en la tubería (T).

Reductor de presión. El reductor sirve para reducir la presión del agua en el circuito (véanse **fotos laterales**). Este reductor de presión funciona para agua fría y para agua caliente hasta una temperatura de 70°C. Normalmente, el agua que circula en las canalizaciones se distribuye a una presión de aproximadamente 3 bars (3 kg/cm²). Una presión mayor (que supere los 7 bars, por la noche, cuando el agua se utiliza menos) provoca el deterioro prematuro de la grifería y ruidos molestos en las cañerías. Evitará estas molestias instalando un reductor de presión.

Cualidades del agua potable

Dureza del agua. El agua se considera *dura* cuando es rica en minerales (sales de calcio y de magnesio). Difícilmente hace espuma, deja restos de cal en los utensilios del hogar y en las resistencias de los calentadores eléctricos cuando se calienta, pero no es nociva para la salud. El agua llamada *blanda* está poco mineralizada, hace espuma fácilmente y no deja restos de cal cuando está caliente. En cambio, provoca problemas de corrosión en las canalizaciones. Desde el punto de vista de la salud, lo más recomendable es utilizar un agua blanda a 15 °F.

Ahorrar agua

Entre las diferentes soluciones que permiten ahorrar agua, una opción útil consiste en equipar los servicios con un mecanismo de cisterna de doble caudal. De fácil instalación y regulación, algunos mecanismos de cisterna con ahorro de agua están diseñados para equipar los depósitos estándares de cerámica (paso de tirador de 13 a 40 mm), en los que sustituirán a los antiguos mecanismos aportando muchas ventajas. El pulsador de doble descarga suelta el volumen total del agua contenida en el depósito (6 litros para la limpieza) o la mitad del contenido (3 litros para el aclarado), lo cual suele bastar. Un sistema de este tipo permite ahorrar cada día el equivalente a 80 litros (o 30 m³ de agua al año) en un hogar de 4 personas. No obstante, es necesario tener en cuenta que los mecanismos de ahorro no se adaptan a todas las cisternas.

Diferentes circuitos de agua

En las viviendas hay tres circuitos de agua: el circuito de alimentación, que lleva el agua hacia todos los puntos de utilización; el circuito de calefacción, cuando existe calefacción central, y el circuito de desagüe, que recoge el agua de lluvia, las aguas residuales y las aguas negras.

La alimentación...

El circuito de alimentación de agua fría distribuye el agua al conjunto de aparatos sanitarios, puntos de agua interiores y eventualmente exteriores para el jardín, así como a los aparatos de producción de agua caliente y a la caldera. A partir de los aparatos de producción de agua caliente, otro circuito alimenta de nuevo los aparatos sanitarios, pero esta vez con agua caliente (**véase croquis p. 63**). La alimentación de la caldera permitirá el llenado de la red de calefacción y de los radiadores. Estos tres circuitos están bajo presión constante.

El ruido del agua

En un circuito sanitario, el aumento de la presión ocasiona ruidos porque aumenta la velocidad de desplazamiento del agua en las canalizaciones. En cambio, el aumento del diámetro de una canalización disminuye la velocidad de paso y elimina los silbidos.

... y la evacuación

En cambio, los circuitos de evacuación no están bajo presión y solo contienen agua cuando se vacía un aparato sanitario. Se distinguen:
– el circuito de aguas residuales para la evacuación de lavabos, bañeras o duchas, fregaderos, lavadoras, etc.;
– el circuito de aguas negras para la evacuación de los servicios;
–el circuito de aguas pluviales.

En este cuarto de baño, el espacio de la ducha está compuesto por toda la superficie, estanca y con desagüe.

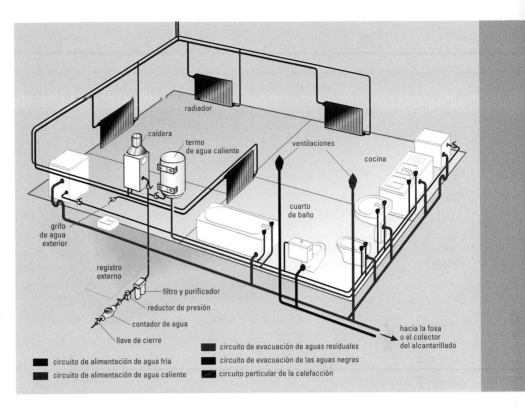

radiador

caldera

termo
de agua caliente

ventilaciones

cocina

Esquema de los diferentes
circuitos de agua en una
vivienda.

grifo
de agua
exterior

cuarto
de baño

registro
externo

filtro y purificador

reductor de presión

contador de agua

llave de cierre

hacia la fosa
o el colector
del alcantarillado

- circuito de alimentación de agua fría
- circuito de alimentación de agua caliente
- circuito de evacuación de aguas residuales
- circuito de evacuación de las aguas negras
- circuito particular de la calefacción

Estos tres circuitos deben estar separados hasta el colector del sistema de alcantarillado. Está prohibido evacuar el agua usada de un cuarto de baño en una bajante de aguas negras o conectar el desagüe del fregadero en la bajante de los canalones.

Los tubos de los circuitos de alimentación

Materiales. Para la distribución interna se utilizan canalizaciones de cobre, acero o materiales de síntesis. El tubo de acero se utiliza para las instalaciones importantes (bloques de pisos), mientras que la mayor parte de las redes de las viviendas particulares se realizan en cobre.

Sin embargo, los materiales de síntesis de calidad alimentaria presentan la ventaja de ser insensibles a la corrosión. Suelen utilizarse para equipar los conjuntos de conexión (bañeras empotradas, sanitarios colgados, etc.) para que queden disimulados y no se vean. En otros casos, como en las instalaciones clásicas, están a la vista, aunque quedan muy poco estéticos.

Diferentes diámetros de las canalizaciones. En toda instalación, es importante que cada accesorio sanitario reciba una cantidad de agua suficiente, principalmente determinada por el diámetro de la canalización de alimentación. Por ello, es aconsejable utilizar los diámetros (**véase** tabla) que se dan como ejemplo. En los casos particulares, consulte los cuadros de los profesionales.

DIÁMETROS RECOMENDADOS PARA LAS CANALIZACIONES DE ALIMENTACIÓN		
Canalizaciones de alimentación de cobre	Diámetro mínimo (en mm)	Diámetro de confort (en mm)
Bañera	14 x 16	16 x 18
Ducha	12 x 14	14 x 16
Lavabo	10 x 12	12 x 14
Bidé	8 x 10	10 x 12
WC	8 x 10	10 x 12
Fregadero de la cocina	12 x 14	12 x 14
Lavadora	10 x 12	12 x 14
Grifo de salida exterior	12 x 14	14 x 16

Separar los 3 tipos de circuitos de desagüe

Debe separar obligatoriamente:
– las aguas residuales procedentes de los fregaderos, duchas, bañeras, lavabos, bidés, etc.;
– las aguas negras procedentes de los WC;
– las aguas pluviales procedentes del tejado.
La instalación de un triturador en el WC no le autoriza a conectar su evacuación a una canalización de aguas pluviales o de uso doméstico.

Organización de la red de desagüe

En las viviendas, existen diversos elementos que participan en la evacuación de las aguas tanto residuales como de uso doméstico (procedentes de fregaderos, duchas, electrodomésticos) y aguas negras (procedentes de los WC).

En primer lugar se encuentra el tubo de evacuación o desagüe individual del aparato que se utiliza; después, el colector del aparato, de sección horizontal, en el que se conecta la evacuación de los puntos de utilización; después, las canalizaciones verticales que reciben las bajantes de aguas residuales y los desniveles de las aguas negras, y, finalmente, los colectores principales, de sección horizontal, que reciben a nivel del sótano el conjunto de residuos para conducirlos al alcantarillado.

La red de desagüe puede tener canalizaciones de bajada (aguas de uso doméstico) y de desnivel (aguas negras), independientes o no. En el primer caso, ambos sistemas de evacuación reúnen los residuos en el colector principal. Se trata del sistema más extendido actualmente, porque es el más sencillo de montar.

Principio de montaje de un circuito de evacuación

Canalizaciones horizontales. Se debe respetar una pendiente de 3 cm por metro en el caso de las redes de evacuación de los aparatos. Cabe destacar que las redes de evacuación situadas en el subsuelo, que tienen un diámetro más importante, pueden conformarse con una pendiente mínima de 1 cm por metro.

Para facilitar el desagüe rápido y sin obstáculos de los residuos, debe haber el menor número de codos posible. Es preferible montar varios codos de ángulos fiables que un único codo a 90º.

Bajantes. Se realizan en diámetros de 100 mm, y los diámetros más importantes se reservan a la evacuación colectiva de varios pisos.

Todas las bajantes deben estar en contacto con el aire a través de una ventilación con salida al tejado. Esta precaución permitirá equilibrar las presiones del interior de las canalizaciones y evitar tanto los ruidos intempestivos como el descebado de los sifones (si se quedan sin agua), responsable de los

DIÁMETROS RECOMENDADOS DE LAS CANALIZACIONES DE EVACUACIÓN		
Estos valores se proporcionan a modo de ejemplo. Para los casos particulares, consulte los cuadros de los profesionales.		
Puntos de utilización y canalizaciones verticales	**Diámetro mínimo (en mm)**	**Diámetro de confort (en mm)**
Lavabo	32	40
Bidé	32	40
Bañera	40	60
Ducha	40	60
Lavadora	40	60
Fregadero de cocina	40	40
Bajante de aguas de uso doméstico	50	80
WC	100	100
Desnivel de aguas negras	100	125

Actualmente, la evacuación de las aguas residuales responde a normas estrictas.

malos olores (**véanse** **p. 89 y 90)**. Evidentemente, la salida de aire nunca deberá encontrarse encima de una ventana o de una ventilación. La instalación de un registro de inspección facilita, en gran medida, la intervención en caso de taponamiento (canalización obstruida).

Las aguas son susceptibles de evacuarse a la calle a través de la red municipal de alcantarillado, o bien al jardín a través de una fosa séptica con drenaje.

Normas que deben respetarse. Sea cual sea el tipo de evacuación adoptado, hay que seguir las siguientes normas de instalación:

▶ Los desniveles y las bajantes se deben realizar en el interior de la vivienda para evitar el riesgo de heladas.

▶ Los materiales utilizados en la realización de las redes deben estar adaptados a su función: PVC o hierro colado, la mayoría de las veces.

▶ Se deben evitar al máximo los codos empotrados en las paredes o en el suelo. Si son necesarios, deben estar equipados con registros o tapones de inspección, que se situarán antes de los mismos.

Tuberías del circuito de desagüe

Como en el caso de la alimentación del agua, la evacuación desde los aparatos domésticos se realiza mediante tuberías que pueden ser de varios materiales. Aunque también existan canalizaciones de cobre, hierro colado o acero, el material más utilizado es el PVC.

PVC rígido. Es de color gris y se presenta en varios diámetros: 32, 40, 50, 60, 80, 100 mm, etc. Se comercializa en barras de 2, 4 o 6 m de largo. Los empalmes correspondientes a los diámetros de los tubos permiten crear instalaciones de evacuación a medida.

Tuberías y empalmes

Cortar y acodar tubos de cobre

Los materiales plásticos (de calidad alimentaria) han evolucionado mucho en los últimos años, pero el cobre sigue siendo el material más utilizado. Resulta imprescindible conocer bien sus propiedades para poder trabajarlo y efectuar las reparaciones y conexiones deseadas. La ventaja del cobre es que se trata de un material blando y estético que se presta a numerosas manipulaciones, siempre y cuando se domine la técnica del recorte y el curvado.

Las dos formas del cobre

El cobre se comercializa en dos formas: cobre rígido y cobre recocido. El metal rígido es un material que ha sido trabajado (golpeado, estirado, etc.) por debajo de su temperatura de recocción para hacerlo más resistente. El metal recocido es un material que se ha puesto al fuego para obtener mejores cualidades técnicas.

El tubo de cobre rígido. Se vende en barras rígidas de 4 o 5 metros de largo. En las grandes superficies especializadas, también puede encontrarse en barras de un metro de largo. Este cobre está destinado a ser utilizado en todas las partes visibles de la distribución.

El tubo de cobre recocido. Se vende en coronas de 5, 10, 25, 35 y 50 metros y es un cobre maleable. Se puede colocar en el suelo o en los falsos techos. Su instalación, relativamente fácil, lo es aún más al poderse modificar la longitud a voluntad. La colocación del cobre empotrado en el suelo o en

---

Cortar un tubo de cobre

1. Gire el cortatubos por la marca de corte apretando progresivamente la moleta hasta seccionar el tubo.

2. Introduzca la desbarbadora en el tubo y vaya rotándolo para retirar las rebabas producidas por el corte.

3. Una vez cortado el tubo y eliminadas las rebabas del interior, decape la punta con tela esmeril o lana de acero.

las paredes se debe hacer debajo de una vaina de plástico.

Atención: Está prohibido realizar empalmes con cobre recocido por soldadura o conexión mecánica en el suelo, ya que sería imposible detectar un escape.

Cortar un tubo de cobre

Con una sierra para metales. Esta técnica requiere una mano firme para evitar cortar el tubo torcido. Al terminar de cortar, desbárbelo bien (elimine las rebabas de metal) tanto por dentro como por fuera.

Con un cortatubos. Este aparato sirve para todos los diámetros.

▶ Ponga el tubo en posición. Afloje el cortatubos y ponga en contacto el tubo con los rodillos de la herramienta.

▶ Apriete el botón de maniobra. Ponga la moleta en contacto con el tubo: el punto de apretura entre el tubo y la moleta corresponde al sitio donde se realizará el corte. Vuelva a apretar aproximadamente un octavo de vuelta para que la moleta marque ligeramente el metal.

▶ Haga girar el cortatubos alrededor del tubo (**véase foto 1, p. 66**), que tendrá una ranura marcada por la moleta. Si no logra hacer pivotar el cortatubos, afloje ligeramente el botón de maniobra.

▶ Termine el corte. Vuelva a apretar el botón de maniobra y repita la operación hasta que el tubo esté completamente cortado.

▶ Desbarbe el interior del tubo. Para hacerlo, aguante el tubo y haga una vuelta completa con la desbarbadora (**véase foto 2, p. 66**).

▶ Pase por la parte exterior la tela esmeril o la lana de acero (**véase foto 3, p. 66**). Así, el tubo quedará listo para un empalme mecánico o una soldadura.

Con una curvadora a mano. La curvadora permite realizar curvas de 10° hasta 180° sin ninguna dificultad. Cuanto menor es el diámetro del tubo, más fácil de obtener es la curva.

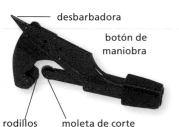

desbarbadora
botón de maniobra
rodillos
moleta de corte

Cortatubos desbarbador.

Gafas de protección.

Muelle para curvar.

Acodar un tubo de cobre

La ventaja de la curvatura es evitar la multiplicación de empalmes y de soldaduras. Además, permite realizar piezas con ángulos particulares cuyos modelos no existen en el mercado.

Si utiliza tubo de cobre rígido, debe calentarlo y después sumergirlo en agua antes de curvarlo. Con el tubo recocido, esta preparación no hace falta.

Se trata de una operación muy simple que requiere una curvadora a mano (**véase foto superior**) o un muelle para curvar (los hay de diferentes diámetros, según la dimensión de los tubos).

Tanto uno como otro tendrán como función evitar las deformaciones poco estéticas del tubo.

En principio, con el muelle para curvar se consiguen radios de curvatura mayores que los obtenidos con una curvadora a mano. Deberá curvar el tubo apoyándose en la rodilla varias veces para realizar un codo correcto (**véase secuencia, p. 68**).

Utilización del muelle para curvar

1. Empiece calentando con un soplete la parte del tubo de cobre que deba acodar.

2. Introduzca el tubo dentro del muelle después de haberlo enfriado en agua o con un trapo mojado.

3. Cúrvelo con la ayuda de la rodilla. El tubo se curvará sin quedar aplastado.

Empalmar tubos de cobre

En el mercado existe una gran variedad de empalmes mecánicos disponibles. Evitan tener que realizar operaciones de soldadura, siempre difíciles y costosas, cuando no se es un experto.

Por motivos de seguridad, no utilice nunca viejos empalmes pertenecientes a otra instalación, aunque le parezca que están en buen estado, si desea asegurar la estanqueidad.

Empalmes mecánicos: montar sin soldadura

El montaje de un empalme mecánico debe efectuarse con tubos preparados para ese fin. Hay que vigilar que el punto de unión esté limpio, porque la presencia de impurezas puede provocar un fallo de estanqueidad al conectar el agua. La mayoría de los empalmes están probados para resistir una presión de 10 bars, lo cual es holgadamente suficiente porque la presión de distribución del agua está en torno a los 3 bars. La mayoría de los empalmes mecánicos se venden con diámetros correspondientes a las dimensiones de los principales tubos de cobre. Asimismo, encontrará empalmes rectos, codos o tés (empalmes en forma de T) que permiten seguir las direcciones impuestas por la instalación. Existen tres técnicas principales de empalmes mecánicos: los empalmes bicono, los empalmes Gripp (o juntas americanas) y los empalmes de junta plana, o empalmes con collar, que son los usados más habitualmente por los profesionales.

Tubo de cobre recocido en forma de corona y tubos de cobre rígido.

Empalme bicono

Este tipo de empalme está formado solamente por dos elementos: una arandela bicono y una tuerca de ajuste (**véase** foto 1, p. 69). La tuerca utilizada también debe corresponder al diámetro del tubo para garantizar la estanqueidad por el efecto de presión. La operación de empalme es muy fácil de realizar.

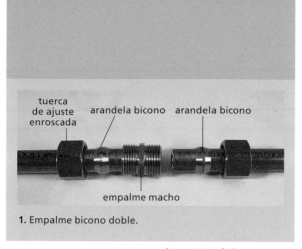

tuerca de ajuste enroscada   arandela bicono   arandela bicono

empalme macho

1. Empalme bicono doble.

► Coloque en posición la tuerca de ajuste, con la parte enroscada orientada hacia el empalme que hay que apretar.

► Introduzca la arandela bicono en el tubo.

► Coloque el empalme en el tubo y apriete hasta el tope.

► Apriételo todo con dos llaves sujetando el empalme para que no gire. En caso de fuga, este empalme no es reparable: hay que cortar el tubo más adelante y proceder a un nuevo empalme.

Empalme Gripp

Este tipo de empalme está formado por tres elementos: una junta de goma para la estanqueidad, una arandela dentada cuyos dientes curvados muerden el tubo en el momento del ajuste, y una tuerca de ajuste que mantiene los dos primeros elementos en su posición.

Empalme de junta plana

Este tipo de empalme, realizado sobre todo por los profesionales, es más complejo y requiere unas herramientas especiales: matriz, tupí y mandril (**véase** p. 59).

2. Empalme Gripp.

Empalme mediante el sistema Gripp

1. Introduzca la tuerca de ajuste en el tubo. La parte enroscada debe estar orientada hacia el lado del empalme que se debe apretar.

2. Introduzca la arandela dentada. Los dientes deben estar orientados hacia el empalme. A continuación, coloque la junta de goma.

3. Coloque el empalme en el tubo. Apriételo hasta el tope.

4. Apriételo con dos llaves para sujetar el empalme y evitar que gire.

Empalmar tubos de plástico

El PER

El PER es un tubo de polietileno reticulado opaco, de color rojo para el agua caliente y azul para el agua fría. Se utiliza, sobre todo, para la alimentación de los aparatos sanitarios en los sistemas hidrocableados (llegada del agua por tubería flexible). Este producto es especialmente interesante para realizar reformas importantes, como la renovación completa de un cuarto de baño.

Se trata de un tubo semirrígido que no debe quedar a la vista porque es sensible a los rayos ultravioleta. Se presenta en forma de coronas envainadas para poder empotrarlo en el hormigón o en una pared. Su utilización es parecida a la del tubo de cobre recocido.

El PER está disponible en tres diámetros:
- tubo de 10 x 12 mm para fregaderos, lavabos, WC;
- tubo de 13 x 16 mm para bañeras, duchas;
- tubo de 16 x 20 mm para circuitos de llegada.

Instalación y conexión. Cada aparato se alimenta a partir de un colector situado en una vaina técnica, debajo de una bañera o en un armario. El colector es un distribuidor (o repartidor) a partir del cual la tubería principal de llegada de agua se divide y sale en diferentes direcciones para conducir el agua hacia los distintos puntos de utilización, como el lavabo, la bañera del cuarto de baño y el retrete.

Si el colector no lleva grifos incorporados, se puede instalar un grifo de cierre por salida. Así, cada aparato podrá quedar aislado en caso de existir algún problema o cuando necesite sustituirlo.

Montaje de un empalme. Este empalme requiere dos herramientas especiales: unos alicates de empalme y unos alicates de engatillado.

▶ Introduzca primero el anillo de ajuste en el tubo.

▶ Coloque los alicates de empalme en el tubo según el diámetro y ensanche el extremo del tubo haciendo girar los alicates 1/8 de vuelta cada vez.

▶ Coloque el empalme.

▶ Coloque los alicates de engatillado y accciónelos hasta que el anillo de ajuste llegue a su tope contra el empalme.

Elegir bien el empalme

La conexión de los tubos de PER con el colector o con la grifería se efectúa mediante empalmes especiales. Es aconsejable utilizar empalmes de la misma marca que el tubo. Los tubos se cortan simplemente con un cúter o con unos alicates de cortar, especialmente pensados para este material.

El PVC

Al contrario que el PER, el PVC (o CPVC: cloruro de polivinilo sobreclorado), de color beige (o gris), es un material rígido que se presenta en forma de barras. En el mercado hay muchos empalmes y accesorios que permiten realizar o prolongar una instalación que deba quedar a la vista. Su montaje es simple.

Diámetros existentes. El PVC está disponible en tres diámetros diferentes según su función:

– tubo de 10,8 x 14 mm para lavabos, bidés, WC;

– tubo de 12,4 x 16 mm para fregaderos, duchas;

– tubo de 15,4 x 20 mm para bañeras.

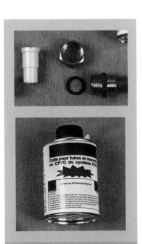

Empalmes y cola para realizar una soldadura en frío entre un tubo de PVC y un tubo de cobre.

Es importante empalmar con cuidado la lavadora.

Recortar un tubo. El PVC se corta fácilmente con la ayuda de una sierra para metales. Trace previamente la circunferencia de corte para cortarlo totalmente perpendicular. Como no siempre es fácil trazar un corte alrededor de un tubo grande, proceda del modo siguiente:

► Marque la cota en el tubo.

► Corte una cinta gruesa a modo de referencia. En lugar de la cinta, también puede utilizar un papel grueso.

► Coloque la cinta alrededor del tubo haciendo coincidir el borde con la cota.

► Trace la marca de corte siguiendo el borde de la cinta.

► Corte siguiendo la circunferencia trazada.

Empalmar tubos de PVC mediante soldadura en frío

1. Desbarbe el tubo y el empalme. Frote los extremos que debe unir con papel de lija para que la superficie quede rugosa y aumente la adherencia.

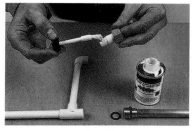

2. Encole los elementos que deba unir. Aplique cola especial para PVC en la parte del tubo que se va a unir y en el empalme. Asegúrese de que se ha extendido uniformemente.

3. Encájelo con fuerza y manténgalo fijo durante unos diez segundos.

© Acome

▶ Solo quedará desbarbarlo con cuidado con una lima, un cúter o un trozo de tela esmeril.

▶ Deberá eliminar con un trapo el polvo o las partículas que permanezcan adheridas en el tubo debido a la electricidad estática del plástico.

Montaje de un empalme. El principio de montaje requiere el uso de gran variedad de empalmes normalizados como codos, tés, reducciones o manguitos.

El montaje de los tubos de PVC se realiza por soldadura en frío (**véase secuencia p. 71**). La técnica es la misma que para el PVC de las tuberías de evacuación (**véase p. 74**). Se utiliza una cola especial, un cemento disolvente que garantiza a la vez la soldadura y la estanqueidad del empalme.

El polietileno semirrígido

Este material semirrígido, que se vende en coronas de hasta 100 m de largo, se utiliza en la alimentación de agua antes y después del contador. Se empotra en el suelo, en el exterior de la casa, o se utiliza como canalización de paso en los sótanos. Su rigidez no se presta a un montaje estético, pero es ideal en instalaciones prácticas como las de alimentación de un sistema de riego enterrado. Cuando se destina a la alimentación de agua potable, el material (calidad alimentaria) se distingue por unas tiras azules que aparecen a lo largo del mismo.

Diámetros existentes. El polietileno semirrígido, de color negro, está disponible en diferentes diámetros, siendo los principales de 20 mm, 25 mm y 32 mm. Algunos, sin embargo, pueden llegar a 315 mm.

Recorte de un tubo. Se utiliza una sierra o unos alicates especiales. Si el corte se realiza con una sierra, se deberá desbarbar el extremo con un cúter o una lima. Este corte debe ser completamente perpendicular al tubo: se debe garantizar la estanqueidad en un trozo corto, y cualquier fallo en este punto provocaría fugas.

Montaje de un empalme. El montaje es posible gracias a una gran variedad de modelos de empalmes.

▶ Elija el empalme en función del diámetro exterior del tubo.

▶ Desenrosque casi por completo la tuerca de ajuste.

▶ Corte de forma limpia el tubo en ángulo recto.

▶ Desbarbe el exterior del tubo con la ayuda de una lima.

▶ Apriete el tubo hasta el tope.

▶ Enrosque la tuerca con una llave.

Empalmes mixtos

Cabe destacar que es posible montar tubos de cobre con tubos de otros materiales. Se pueden realizar casi cualquier tipo de empalme (**véase croquis lateral**). Es imprescindible respetar el orden de realización de estos empalmes; por ejemplo, para evitar la electrolisis entre los materiales y, por lo tanto, posibles aberturas, el acero deberá encontrarse siempre antes que el cobre.

Estos empalmes deberán permanecer accesibles para permitir la sustitución de las juntas en caso de escape.

Realizar un circuito de evacuación con tubos de PVC rígidos

Para realizar un circuito de salida con PVC rígido, es preferible elegir tubos de gran diámetro (40, 50, 60 mm...). Las canalizaciones que recogen el agua de varios aparatos deben tener una sección resultado de la suma de las secciones de las canalizaciones de los diferentes aparatos. Evite los diámetros pequeños o resérvelos para recorridos muy cortos, como el existente entre un lavabo y el filtro con membrana.

Realización en dos fases

Generalmente, este circuito se fija en la pared. Empiece trazando el recorrido con un lápiz. En el caso de recorridos horizontales, debe respetar una pendiente de evacuación de unos 3 cm por metro lineal para permitir una adecuada evacuación de las aguas residuales. Después, corte los tubos, ponga las abrazaderas en el lugar adecuado y realice un montaje en seco.

Una vez haya colocado las piezas y visto cómo van, desmonte el circuito. Frote todas las partes del montaje con tela esmeril y después con disolvente. Después, no vuelva a montar este empalme porque correría el riesgo de no poder desmontarlo.

Montaje en seco

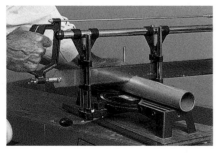

1. Corte los tubos a la longitud adecuada. Para obtener un corte en perfecta escuadra, imprescindible para una correcta adherencia, utilice una sierra de hoja guiada (o una sierra para metales).

2. Desbarbe los tubos. Corte en diagonal el interior y el exterior de los extremos de las tuberías con la ayuda de un cúter.

3. Monte los tubos. Encájelos para obtener el circuito completo y vaya marcando la profundidad de encaje de los empalmes con un rotulador.

Caso particular. Cuando se trate de un codo, haga dos marcas para no dudar sobre la orientación adecuada en el momento de proceder al pegado definitivo.

Montaje definitivo

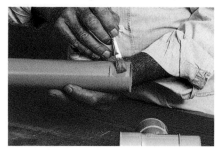

1. Limpie las superficies. Con un disolvente adecuado, limpie el extremo del tubo y el interior del empalme para eliminar los restos de cuerpos grasos.

2. Encole el tubo. Encole el extremo del tubo con un pincel plano (a veces se proporciona con el bote de cola). Vaya aplicando la cola con cuidado por todo el perímetro.

3. Encole el empalme. Proceda del mismo modo para encolar el interior del empalme.

4. Móntelo inmediatamente. Sin esperar, coloque un elemento dentro del otro sin torcerlos y manténgalos de este de modo durante algunos segundos.

Trabaje en una zona bien ventilada: las colas son fácilmente inflamables y muy tóxicas. Respete las correspondientes instrucciones de uso.

Precauciones durante el montaje definitivo

Después del encolado, en el momento en que proceda al montaje definitivo, encaje los dos elementos sin torcerlos: una rotación seccionaría la película de cola y crearía un punto de fuga. De ahí el interés, durante el montaje en seco, de marcar los tubos y los empalmes que necesiten una orientación determinada. En el momento del montaje, encájelos de modo que coincidan las marcas.

▶ Elimine con cuidado la cola sobrante con un trapo empapado con disolvente.

▶ Una vez haya aplicado la cola, vaya montando el circuito en las abrazaderas fijadas en la pared. No olvide que el agua caliente hace dilatar el PVC: los tubos se alargan algunos milímetros, y después se contraen bajo el efecto del agua fría. Si instala más de 5 m de tubo, es conveniente que coloque un manguito de dilatación en la canalización.

▶ Espere una hora antes de llenar el circuito de agua.

Conexión y mantenimiento de las lavadoras y los lavavajillas

La conexión de una lavadora o de un lavavajillas no presenta dificultades, sobre todo si las canalizaciones de llegada y de evacuación del agua tienen un acceso fácil en la cocina o en el cuarto de baño. Lo más fácil es utilizar un grifo autotaladrante, que se enrosca directamente en el tubo de cobre para la alimentación del agua del fregadero o del lavabo. Sin embargo, una conexión más profesional también está al alcance del aficionado y garantiza una instalación mucho más fiable (**véase** secuencia).

 Las compañías de seguros no tienen en cuenta en sus pólizas los siniestros en el caso de que las tuberías de desagüe de los aparatos evacuen directamente en un lavabo o en una bañera. Es obligatorio que pasen por un sifón.

Conexión realizada como un profesional

Montaje del grifo. La alimentación se realiza a través de un grifo en aplique, especialmente diseñado para el empalme. Antes de fijarlo en la pared y de conectarlo a la tubería de cobre, no olvide que el grifo de alimentación de una máquina de este tipo debe quedar accesible una vez que el electrodoméstico se coloque en su sitio.

Empalme de una lavadora

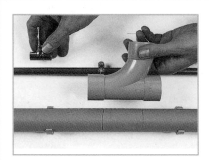

1. Marque el emplazamiento de los empalmes que se deben colocar en las tuberías (alimentación/cobre y evacuación/PVC).

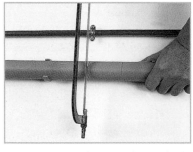

2. Corte los tubos con la ayuda de una sierra sujetándolos con firmeza. Limpie minuciosamente los extremos que va a empalmar.

3. Empalme los tubos. Proceda a ensamblar el cobre mediante soldaduras o uniones en forma de T y las uniones de PVC por encolado.

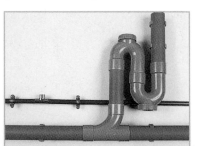

4. Coloque las abrazaderas de fijación de los tubos. Después, ajuste el sifón de evacuación en el empalme de PVC.

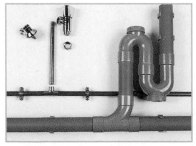

5. Instale el tubo de alimentación del grifo en la té una vez cortado. Posteriormente, fije en el muro el aplique del grifo.

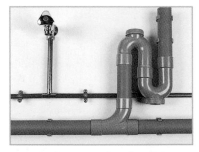

6. Empalme el tubo de alimentación por medio de una soldadura o un empalme rápido. Monte el grifo en su aplique.

Principio de conexión de un lavavajillas.

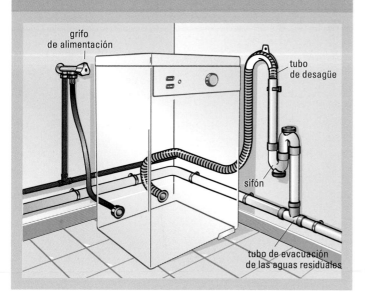

grifo de alimentación

tubo de desagüe

sifón

tubo de evacuación de las aguas residuales

Montaje del sifón. Para la evacuación, utilice un sifón especial de PVC, equipado en la parte inferior con un tapón para poder desembozarlo. Se adapta encolándolo al tubo de evacuación. Prevea la conexión de manera que el tapón tenga fácil acceso.

Mantenimiento de las máquinas

Las lavadoras y los lavavajillas no se vacían. En cuanto dan señales de fatiga, se debe comprobar la bomba y el filtro. Un pequeño desmontaje, al alcance de todo el mundo, suele bastar para resolver el problema. Antes de intervenir, no olvide cerrar el grifo del agua y desconectar la máquina de la toma eléctrica.

He aquí algunos consejos para prolongar el buen funcionamiento de lavadoras y lavavajillas, sobre todo a través de una limpieza de los filtros.

Lavadora. Desmonte la bomba, situada en la parte anterior o a veces lateral del aparato, detrás de la tapa de inspección (**véase croquis inferior**). En general, se puede desmontar fácilmente a mano. Prevea un cubo y una fregona para recoger el agua que quede en el circuito y limpie el tamiz del filtro. Quedará sorprendido de su contenido...

También puede comprobar las tuercas de fijación de los lastres de cemento después de haber desmontado la tapa superior o los laterales de la máquina: cuando están mal apretadas, las vibraciones aumentan.

Lavavajillas. Desmonte y limpie con agua corriente el filtro, generalmente situado en el fondo de la cuba. Compruebe los brazos de aspersión, que deben girar libremente sin tocar el canto de los platos ni la base de los vasos. Desmóntelos y vigile que los orificios no estén llenos de cal ni obstruidos por residuos que hubieran logrado pasar por el filtro. Si la máquina permite el acceso a la bomba de desagüe, abra la tapa, limpie el interior y compruebe la rotación de la turbina. Vuelva a montarlo todo.

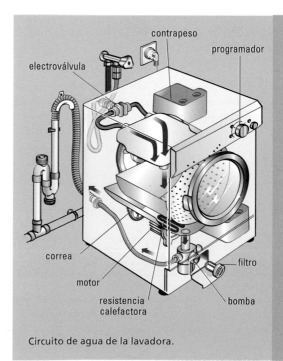

contrapeso

programador

electroválvula

correa

motor

resistencia calefactora

filtro

bomba

Circuito de agua de la lavadora.

Reparaciones habituales

Reparar los grifos que pierden agua

Si observa una fuga o una anomalía en un circuito de alimentación de agua caliente o fría debe actuar sin falta. Primero, debe cortar la presión del agua en el sector afectado cerrando la llave situada cerca del contador o accionando una llave intermedia que se encuentre por encima de la parte defectuosa.

Fugas en las llaves de cierre

Si descubre que una llave pierde o que es imposible cerrarla totalmente, cambie el cabezal o la llave entera.

▶ Ante todo, corte la alimentación de agua en el circuito. Si se trata de la llave principal, pida a la compañía de distribución del agua que aísle su instalación durante la reparación.

▶ Desmonte el mecanismo interno de la llave y cámbielo por uno nuevo. Elija un modelo que corresponda a la llave y tenga especial cuidado con la junta cuando enrosque la pieza nueva. Si no encuentra un mecanismo idéntico, cambie toda la llave por un modelo de bola (véase foto p. 60). Si mueve la manecilla un cuarto de vuelta, el cierre queda perfectamente estanco. Las llaves de bola no llevan prensaestopas, elemento que suele ser el responsable de las fugas.

Cinta de goma autovulcanizante para fugas en las tuberías

Una fuga en una tubería puede provocar importantes daños. Para taponarla mientras llega el fontanero utilice una cinta adhesiva autovulcanizante, que tiene la particularidad de soldarse sobre sí misma.

Estire la cinta antes de enrollarla.

▶ Cuando haya cortado el agua y limpiado el tubo, enrolle la cinta empezado y terminando varios centímetros antes y después de la fuga.

▶ Tire de la cinta para estirarla y reducir su anchura en un tercio. Forme cada espiral tapando la mitad de la anchura de la anterior.

▶ Espere algunos minutos antes de volver a abrir el agua. Si tiene mucha presión, refuerce el arreglo añadiendo encima una cinta adhesiva de tela.

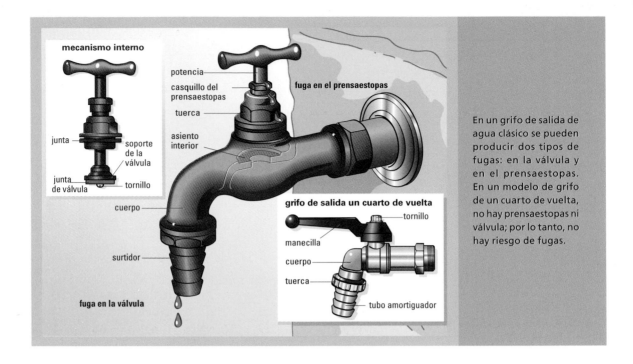

mecanismo interno

potencia

casquillo del prensaestopas

fuga en el prensaestopas

tuerca

junta

asiento interior

soporte de la válvula

junta de válvula

tornillo

cuerpo

grifo de salida un cuarto de vuelta

tornillo

manecilla

cuerpo

tuerca

surtidor

fuga en la válvula

tubo amortiguador

En un grifo de salida de agua clásico se pueden producir dos tipos de fugas: en la válvula y en el prensaestopas. En un modelo de grifo de un cuarto de vuelta, no hay prensaestopas ni válvula; por lo tanto, no hay riesgo de fugas.

Fugas en los grifos de salida del agua

Se trata de grifos clásicos de latón amarillo utilizados en los sótanos de las viviendas o en los puntos de agua del jardín. En este tipo de grifo, se observan principalmente dos tipos de fuga (**véase croquis superior**):

▶ Aunque el grifo esté cerrado, se escapa un hilo de agua: se trata de una fuga en la válvula.

▶ Cuando el grifo está abierto, el agua se escapa por la varilla: se trata de una fuga en el prensaestopas.

Reparación de una fuga en la válvula. La operación es la misma que para reparar una fuga en un grifo (**véase a continuación**).

Empiece cortando el agua, abra completamente el grifo, desenrosque la tuerca del mecanismo y proceda a la sustitución de la junta (**véase secuencia p. 81**).

Reparación de una fuga en el prensaestopas. En primer lugar, no desmonte nada. Vuelva a apretar la tuerca del prensaestopas: a veces basta para comprimir la junta y eliminar la fuga.

▶ Abra primero bien el grifo y después ciérrelo con un cuarto de vuelta.

▶ Vuelva a apretar la tuerca del prensaestopas en el sentido de las agujas del reloj. Cabe destacar que con un octavo de vuelta ya es suficiente.

▶ Pase un trozo de tela esmeril por el eje, después manipule el grifo (ábralo, ciérrelo) varias veces. Si este sigue perdiendo agua, vuelva a apretar un octavo de vuelta.

Si la tuerca está encallada en el cuerpo del grifo, deberá reemplazarlo por un modelo de un cuarto de vuelta (siempre es posible hacer que el prensaestopas vuelva a ser estanco, pero el esfuerzo no vale la pena).

Juntas de seguridad

Vale la pena tener un surtido de juntas para poder actuar en cuanto aparezca una fuga. Las juntas de válvula son de goma, perforadas o no, y las destinadas a los cuellos y cabezales de los mezcladores son tóricas (de perfil redondeado). Si no tiene una junta de válvula adecuada para cambiar la junta de un grifo clásico, vuelva a colocar la antigua en su sitio para garantizar una estanqueidad de emergencia.

Grifo de exterior

Este grifo de latón tiene una boquilla que permite conectar fácilmente una manguera de riego (Fribaud). Las conteras de conexión rápida con que van equipados la mayoría de accesorios de lavado o de riego se montan directamente sobre la boquilla de fábrica del grifo. Este dispositivo evita la interposición de un empalme macho y reduce el riesgo de fugas.

Sustitución de la junta de un grifo

En un grifo clásico, el mecanismo interno lleva una junta o válvula de goma que se sitúa en una base y la comprime para obstruir el paso del agua. Cuando un grifo exterior o de lavabo empieza a gotear, apretarlo periódicamente no resuelve el problema. En la mayoría de los casos, la causa es un defecto en la junta que garantiza la estanqueidad del mecanismo: puede estar gastada, aplastada o rota.

La reparación es muy simple (**véase secuencia inferior**).

▶ Antes de actuar, cierre el grifo de alimentación que se encuentra debajo del lavabo o del fregadero; si no hay grifo de cierre intermedio, corte la alimentación principal y abra los otros grifos para vaciar el agua.

Cambiar la junta de un grifo

1. Afloje el cabezal del grifo después de haber quitado el protector. Con una llave inglesa, desenrosque la tuerca del cabezal.

2. Desmonte a mano el cabezal del grifo. Desenrosque la pequeña tuerca que sujeta la válvula de asiento.

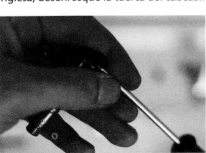

3. Retire la junta de válvula gastada. Con un destornillador, sáquela de su sitio y cámbiela.

4. Cambie también la junta del cabezal si está defectuosa. Vuelva a montar todo el conjunto procediendo en sentido inverso.

▶ Retire la protección del cabezal del grifo en el que trabajará. Dependiendo del modelo, aflójelo un cuarto de vuelta en el sentido inverso a las agujas del reloj o extráigalo con fuerza del eje del grifo. Así tendrá acceso al cabezal del grifo.

Si debe introducir un destornillador para retirar la protección del grifo, proteja el vástago metálico del destornillador con un trapo para no rayar el cromo o la pintura de la grifería.

Reparación de una fuga repetitiva

Si al cabo de poco tiempo de haber colocado una válvula nueva comprueba que el grifo vuelve a perder agua, examine el estado de la base situada dentro del cuerpo. A veces, esta base está impregnada de cal y las asperezas

Lapeado de la base de un grifo con incrustaciones

1. En primer lugar, fije la fresa adaptada al diámetro de la base en la contera del lapeador, después de haber desmontado con cuidado el cabezal del grifo.

2. Posteriormente, enrosque con los alicates la rosca del lapeador en el cuerpo del grifo. Después, gire el mango en el sentido de las agujas del reloj apretando hacia abajo.

3. Compruebe que la base está bien lisa y elimine, si es necesario, los restos de incrustaciones de la rosca. Después, coloque la junta y vuelva a montar el cabezal del grifo.

deterioran rápidamente la junta de la válvula que está en contacto con ella. La reparación consiste en rectificar la base con un lapeador para volver a conferirle la superficie plana correspondiente al diámetro de una válvula nueva (**véase secuencia p. 82).**

Funcionamiento del lapeador. Este aparato de mano está formado por un cono en forma de escalera atravesado por un eje cuyo extremo inferior lleva incorporada una fresa cortante (**véase** dibujo lateral).

▶ Introduzca el cono en el cuerpo del grifo.

▶ Gire el mango para que pivoten el eje y la fresa.

▶ Al corroer el metal de la base del grifo, la rotación de la fresa le vuelve a conferir una base plana y limpia en la que se apoyará la nueva válvula sin deteriorarse. Puede repetir esta operación, aunque al final se verá obligado a cambiar el grifo.

Para alisar la base del grifo, haga girar el lapeador presionando hacia abajo.

© GROHE

Grifos monomando: modelo para fregadero (arriba) y para lavabo (abajo).

Reparaciones de grifos mezcladores y monomando

Entre la gran variedad de grifos existentes, casi todos basados en el mismo principio, los grifos mezcladores y monomando son los más utilizados.

▶ En un grifo mezclador, los dos cabezales de agua fría y agua caliente pueden montarse en el mismo cuerpo o separados.

▶ En un monomando mecánico, solo hay un cabezal que se hace pivotar para pasar de caliente a frío. Algunos llevan un cartucho cerámico cuyo principio de funcionamiento difiere del funcionamiento del grifo de válvula.

Cada fabricante de grifería utiliza cartuchos diferentes, pero la técnica es la misma. Estas piezas son frágiles y deben manipularse con cuidado.

Filtro de grifo.

Limpieza de un filtro

1. Desenrosque el surtidor del cuello de cisne para extraer el filtro y sumérjalo en un producto desincrustante.

2. El filtro, la junta y el anillo que los mantiene en su posición ya que están a su disposición.

Los elementos de la grifería también adoptan principios de fijación distintos según los modelos. La fijación del cabezal de mando puede atornillarse a la derecha o a la izquierda, mediante clip, con tornillo central, con tornillo bajo cabezal o con bloqueo de un cuarto de vuelta.

Reparación de un grifo mezclador con cuello de cisne

En el caso de los grifos mezcladores de cuello de cisne, encontrará tres tipos de anomalías frecuentes debidas al desgaste:
► la junta de la válvula del mecanismo está desgastada;
► el filtro del surtidor está obstruido;
► las juntas tóricas del cuello de cisne están gastadas.

Cambiar una junta o un cabezal de grifo. Esta operación es la misma que con un grifo clásico. Aproveche la ocasión para comprobar el estado de la base y rectificarla, si es necesario, con un lapeador (**véanse** secuencias pp. 81 y 82).

Limpiar el filtro del surtidor. El filtro, una especie de fino tamiz metálico, permite obtener un chorro de agua calibrado que reduce las salpicaduras.
► Si comprueba que un grifo no genera un chorro de agua suficiente, desenrosque el surtidor y retire el filtro, que puede estar obstruido debido a las incrustaciones de cal (**véase** secuencia p. 83).
► Póngalo en remojo con vinagre caliente o con un producto descalcificador específico.
► Durante este tiempo, monte un filtro nuevo para volver a tener una salida de agua normal. Cuando el tamiz antiguo esté limpio, consérvelo para un futuro cambio.

Cambiar las juntas tóricas. En algunos modelos, el cuello de cisne pivota de izquierda a derecha y esta rotación termina estropeando las juntas de estanqueidad, provocando que salga agua por la base del tubo.
► Desenrosque la tuerca situada en la base del cuello de cisne para sacar la junta del cuerpo del grifo (**véase** secuencia inferior).

Tres modelos de grifos mezcladores (de arriba abajo): mezclador de tres orificios, con cabezales de discos de cerámica y de pico colado orientable para lavabo; mezclador de fregadero con pico de tubo orientable cortachorro; mezclador de lavabo de un solo orificio.

Cambiar una junta tórica

1. Destornille el cuello de cisne. Desenrosque la tuerca situada en la base del cuello de cisne para sacarla del cuerpo del mezclador.

2. Retire la junta tórica. Saque el cuello de cisne del grifo y retire la junta defectuosa con la mano o con un pequeño destornillador.

3. Coloque la nueva junta con la mano y aplique una grasa siliconada para lubricar y facilitar la rotación. Vuelva a montar el cuello de cisne.

Cartuchos de grifos monomando:
1. cartucho cerámico;
2. cartucho de latón clásico;
3. cartucho termoestático.

► Limpie el extremo del tubo.
► Cambie las juntas tóricas por juntas nuevas.
► Aplique un poco de grasa siliconada para facilitar la rotación antes de volver a montar el cuello de cisne.

En caso de fuga en un grifo monomando

En algunos grifos monomando, el mecanismo tradicional de la válvula se sustituye por dos discos de cerámica que se deslizan uno encima del otro, cerrando o abriendo el paso del agua por cizallamiento. En ocasiones, puede producirse una fuga a nivel de los discos. En este caso, lo mejor es sustituir el sistema cambiando el cartucho gastado (**véase secuencia inferior**).

Antes de actuar, cierre los grifos de alimentación de agua caliente y agua fría del lavabo; si no hay grifos de cierre intermedios, corte la alimentación principal y abra el resto de grifos para vaciar el agua contenida en la instalación.

Si necesita introducir un destornillador para retirar la protección, envuelva el vástago metálico del destornillador con un trapo para no rayar el cromo o la pintura de los grifos. Los cartuchos de este tipo llevan filtros con tamiz que se deben limpiar con frecuencia (unas dos veces al año).

Sustituir un cartucho de un grifo monomando

1. Retire la protección del cabezal del grifo (tire hacia arriba o desenrósquelo un cuarto de vuelta en el sentido contrario a las agujas de un reloj).

2. Desenrosque el tornillo de mantenimiento de la platina superior y saque la manecilla tirando hacia arriba.

3. A continuación, retire la tapa o embellecedor que cubre el cartucho tirando hacia arriba o desenroscando, según los modelos.

4. Desenrosque los dos tornillos de mantenimiento del cartucho, o la tuerca, según el tipo de grifo que haya instalado en su casa.

5. Saque el cartucho y limpie el interior del grifo con un trapo y un poco de desincrustador, que encontrará en las tiendas.

6. Introduzca el cartucho nuevo después de engrasarlo con el tubo o la bolsita suministrados con el kit de sustitución, y vuelva a montarlo todo.

Limpieza de los sifones y las canalizaciones

En ocasiones, es necesario desmontar un sifón de lavabo o de fregadero, o incluso limpiar una canalización, para desatascarlos. La técnica es distinta según el modelo, pero el principio sigue siendo el mismo (**véase** **secuencia**).

Vaciar un sifón

Sifón integral. Es el modelo más simple. Está fijado en ambos extremos por tuercas o anillos rayados (**véase** **croquis lateral n° 1**). Para limpiarlo, se debe desmontar por completo. Manipule con cuidado las juntas de fibra que garantizan su estanqueidad; si se rompen, deberá cambiarlas.

Sifón con tapón de registro. Es un poco distinto del modelo integral, pero lleva un tapón de registro enroscado, situado en la pared o en la base del codo (**véase** **croquis lateral n° 2**). Este dispositivo facilita el acceso al sifón y su vaciado sin tener que desmontarlo. El uso de un gancho de hierro también permite desatascar el sifón, pero puede resultar necesario desmontarlo para limpiarlo por completo.

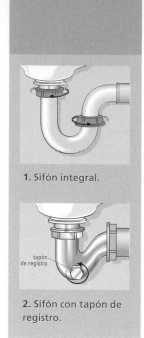

1. Sifón integral.

2. Sifón con tapón de registro.

Desmontar y limpiar un sifón de casquillo

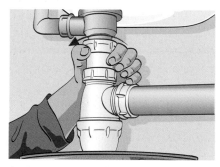

1. Desenrosque la tuerca de ajuste situada en la parte superior del cuerpo del sifón, debajo del lavabo o del fregadero. Coloque un recipiente debajo para recoger el agua que queda dentro del sifón.

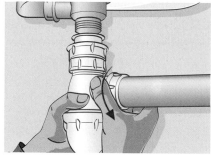

2. Separe el sifón de la canalización. Desenrosque la tuerca de conexión en el tubo de evacuación y tire ligeramente del sifón hacia usted sin alejarse demasiado del eje del tubo.

3. Desmonte el casquillo del sifón. Si se trata de un sifón de latón, desenrósquelo con unos alicates multiusos grandes y coloque un trapo alrededor como precaución.

4. Vacíe el casquillo y limpie el interior del sifón. Enjuáguelo con abundante agua. Controle el estado de la junta de la tubería y de la junta del casquillo. Cámbielas si es necesario.

El desatasco es más fácil cuando el casquillo del sifón está en un lugar accesible.

Sifón con casquillo. Este modelo de sifón tiene forma de cilindro en el que el agua recorre un camino sinuoso (**véase croquis inferior n° 3**). El cuerpo del sifón se desenrosca por la base mediante un anillo rayado de seis caras, con ayuda de una llave. Otros modelos de plástico se desenroscan a mano. El principio de limpieza es el mismo (**véase secuencia p. 86**).

Si le cuesta desenroscar el anillo, envuélvalo con un trozo de tela esmeril y utilice unos alicates multiusos. Apriete ligeramente todo el conjunto para desbloquearlo.

Si el sifón es de latón, tome la precaución de envolverlo con un trapo antes de desenroscarlo con unos alicates multiusos.

Hay una junta que garantiza la estanqueidad del sifón: manipúlela con cuidado y cámbiela si puede en cada intervención.

3. Sifón de casquillo.

4. Limpieza de un sifón de casquillo.

Desatascar una canalización

Si la limpieza del sifón no basta para tener un flujo de agua normal, es posible que la obstrucción se sitúe más abajo, es decir, en la canalización.

La mayoría de las veces, el tapón se forma a nivel de un cambio de dirección (codo, té, etc.). Para llegar a él, utilice un cable flexible, conocido como *sonda*, para sondar el tubo (puede retirar el sifón o bien utilizar el tapón de registro). Coloque un recipiente debajo para recoger el agua contenida aún en la canalización.

Utilización de una sonda. Existen varios modelos. El más habitual es uno cuyo cable flexible se encuentra dentro de una caja. En uno de sus extremos, lleva un «muelle sacacorchos» o muelle desatascador (**véase croquis p. 88**) y en el otro una manivela.

▶ Afloje la manivela en el sentido inverso de las agujas del reloj y tire del cable para hacerlo salir.

▶ Introduzca el cable en la canalización.

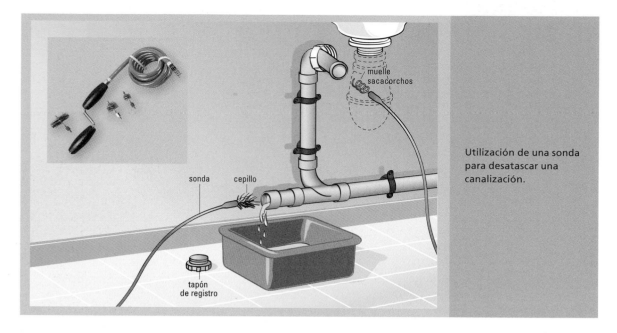

muelle
sacacorchos

sonda   cepillo

tapón
de registro

Utilización de una sonda
para desatascar una
canalización.

▶ A continuación, gire la manivela en el sentido de las agujas del reloj, al tiempo que introduce el cable en el interior de la cañería.

▶ La resistencia que encuentra el cable indica la presencia de un tapón: accione la sonda de delante hacia atrás hasta que el tapón desaparezca.

Productos químicos desatascadores: ¡peligro!

Puede intentar desatascar un sifón inaccesible con una ventosa de goma, cuya deformación provoca una ligera presión, o con una bomba hidráulica.

Atención con los desbordamientos

Es bastante frecuente que los aparatos sanitarios se taponen. Normalmente, el atasco se sitúa a nivel del colector. En este caso, se debe proceder del mismo modo que para desatascar un aparato sanitario. Antes de desenroscar el tapón de registro, sin embargo, debe asegurarse de que la canalización no esté llena de agua. Sonde el colector dando golpecitos a la pared con un mango de madera en varios puntos. Si la canalización está llena, oirá un ruido mate; si el tubo está vacío, resonará. Si el tapón de registro de la canalización está situado en la parte baja, deberá encontrar otro tapón situado más arriba.
Atención: Si el colector está situado en las partes comunes de un inmueble, no lo toque y avise al presidente de la comunidad de propietarios.

También existen productos desatascadores, a menudo a base de sosa cáustica que, en contacto con el agua, producen una emanación de gases. Es importante saber que estas soluciones pocas veces son eficaces y que la combinación de ventosa y desatascador químico puede provocar proyecciones peligrosas para el entorno.

Estos productos tóxicos también son poco recomendables para el medio ambiente. Por otro lado, cuando se disponga a desmontar un sifón, asegúrese de que anteriormente no se ha realizado ningún intento de desatasco químico. Podría salpicarse en las manos y en la cara y, por tanto, quemarse. Tome todas las precauciones necesarias que están en su mano para protegerse.

En caso de sifón atascado, la mejor opción es proceder a desmontarlo lo antes posible.

El montaje de un filtro con membrana evita el descebo de los sifones. Solo el paso del aire garantiza la abertura o el cierre de esta válvula.

Circuitos de evacuación: eliminar los malos olores

Cuando la conexión de los sifones no se ha realizado correctamente, estos dejan escapar malos olores. Esta molestia puede evitarse fácilmente respetando algunas reglas.

Un principio simple

Debajo de cada sanitario se encuentra un sifón. Este accesorio de forma curvada retiene de manera permanente una pequeña cantidad de agua, como una especie de tampón que impide que el aire viciado de las alcantarillas suba hacia el punto de uso. Si esta reserva de agua es insuficiente, el sifón se vacía y deja pasar olores desagradables (**véase recuadro p. 90**). Hay dos fenómenos que acentúan el vaciado de los sifones:

▶ la evaporación del agua debido a la temperatura del lugar;
▶ la depresión que existe en algunas canalizaciones.

Circuitos con depresión. Cuando hay varios sanitarios (bañera, lavabo, bidé, etc.) conectados a una misma canalización de salida, este fallo ocurre a menudo. Por ejemplo, el agua que sale de la bañera (unos 100 litros) circula por la canalización principal y actúa como el pistón de una bomba, lo cual crea una depresión hacia arriba (**véase croquis 1, p. 90**). Cuando la bañera

Sifones normalizados

El tamaño de los sifones debe responder a unas normas precisas fijadas en cada país. España se rige según la normativa europea, en la que se especifica que los sifones deben llevar la etiqueta «CE» como garantía de calidad y deben tener 5 cm de altura para que el sifón no se descargue con facilidad.

Cuando se tiene la oportunidad de tener una ventana en el cuarto de baño, su apertura es el medio más simple y eficaz de renovar el aire y de ventilar los olores desagradables.

Olores y circuitos en depresión

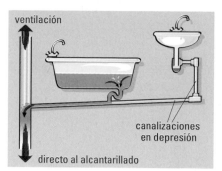

ventilación

canalizaciones
en depresión

directo al alcantarillado

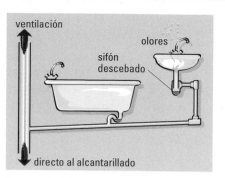

ventilación

olores

sifón
descebado

directo al alcantarillado

1. Cuando la bañera se vacía, la salida del agua actúa como el pistón de una bomba, provocando que la canalización quede en depresión.

2. Cuando la bañera está vacía, el sifón del lavabo está descebado. La reserva de agua ha sido aspirada por el efecto de depresión. Los olores suben de las cloacas e invaden el cuarto de baño.

está vacía, el sifón del lavabo se queda sin reserva de agua y deja pasar los olores (véase croquis 2, p. 90).

Soluciones

Para paliar el inconveniente de los malos olores, puede optar por varias soluciones simples y eficaces:

Llenar los sifones. Después de cada uso de un sanitario, rellene sistemáticamente todos los sifones conectados a un mismo circuito. Basta con dejar correr el agua durante algunos segundos para completar la reserva de agua del lavabo, del bidé, de la bañera, de la ducha, etc. Este método es pesado, pero eficaz.

Cambiar los sifones o el diámetro de las canalizaciones. Compruebe el circuito de evacuación de las aguas residuales. Sustituya los sifones defectuosos por modelos normalizados; asimismo, cambie las canalizaciones de PVC de diámetro demasiado reducido.

Cuando varios sanitarios se vacían en una misma canalización, su diámetro debe aumentar en función del número de sanitarios. En la práctica, lo más simple es optar por el diámetro mayor e instalarlo en toda la longitud del local para poder recoger simultáneamente el agua procedente de varios sanitarios.

Montar un filtro con membrana. Si le resulta imposible modificar el circuito existente, puede mejorar la salida colocando un filtro con membrana. Este filtro se fija en el extremo superior de un circuito de salida, por encima del sifón más alto del cuarto de baño.

Cuando un sanitario se vacía, la válvula del filtro se levanta y, por tanto, deja entrar el aire, evitando así la depresión y, por consiguiente, el vaciado de los sifones. Cuando se ha terminado de vaciar, la válvula se cierra automáticamente para obstruir la canalización y eliminar los malos olores (véase croquis p. 89).

Los filtros con membrana están disponibles en varios modelos (véase foto lateral). Elíjalos en función del diámetro de la canalización existente. Algunos funcionan en posición vertical y otros en posición horizontal. Independientemente del que elija, comprobará que no llevan ningún mecanismo complicado.

Filtros en posición horizontal (arriba) y en posición vertical (abajo). Basta con desenroscar el cabezal del filtro para tener acceso a la membrana.

Las cisternas de los sanitarios

Fugas dentro de las cisternas de los sanitarios

La cisterna es la responsable de la mayoría de problemas que aparecen en fontanería. Aunque estas averías no provoquen necesariamente daños tan graves como las fugas que pueden producirse fuera del depósito, es importante evitar que avancen. No olvide que, con una cisterna que pierde agua constantemente, el consumo de agua aumenta mucho.

Principio de funcionamiento de las cisternas

En una cisterna de agua existen dos sistemas distintos: el primero descarga la reserva de agua y el segundo garantiza el llenado del depósito. Cuando acciona el pulsador, está levantando la válvula del sistema de cisterna con el tirador. El agua penetra en el inodoro y la cisterna se vacía rápidamente (**véase croquis 1**). Cuando la cisterna está vacía, la válvula vuelve a su sitio y el flotador, que ha alcanzado su nivel más bajo, abre el grifo de llegada del agua y el depósito se llena (**véase croquis 2**). Progresivamente, el flotador

Funcionamiento de una cisterna de WC

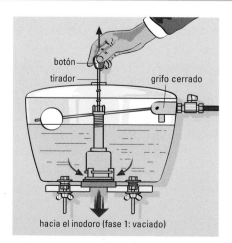

1. Depósito lleno: la cisterna está a punto para funcionar.

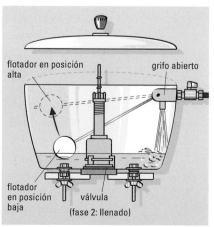

2. La cisterna se ha vaciado; el flotador está abajo, abre el grifo y el depósito se llena.

Las cisternas simples y accesibles permiten paliar más fácilmente las posibles fugas.

va subiendo a medida que aumenta el nivel y, al final del llenado, corta la entrada de agua. La cisterna vuelve a estar a punto para funcionar.

Causas de las fugas dentro de la cisterna

El mecanismo de la cisterna está sumergido permanentemente, con lo que no es extraño que algunas piezas sufran cierta corrosión o incrustaciones, lo cual impide su buen funcionamiento. Antes de actuar, accione varias veces el mecanismo y observe lo que sucede dentro de la cisterna.

Puede suceder que la cisterna no pare y el inodoro pierda agua constantemente, pero no haya fuga hacia el exterior. Existen tres razones principales que explican este fenómeno (**véase croquis lateral**):

▶ la junta del grifo del flotador es defectuosa;
▶ el vástago del flotador está roto o torcido;
▶ la válvula de goma es defectuosa.

En los dos primeros casos, el nivel del agua sigue subiendo, pasa por el orificio del rebosadero y cae en el inodoro. En el último caso, no se produce el cierre y el agua sale sin parar.

Si la válvula es defectuosa. Corte el agua en la llave de cierre de la cisterna (grifo situado a menudo cerca de la cisterna) y tire de la cadena para vaciar por completo el depósito.

▶ Extraiga la tapa de la cisterna. En principio, basta con desenroscar el botón de maniobra para quitar la tapa y acceder al mecanismo interno.

▶ Desmonte el mecanismo central para tener acceso a la parte inferior. Sostenga el mecanismo interno

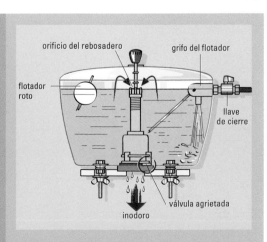

Tres averías frecuentes: el grifo del flotador permanece abierto; el flotador está bloqueado, reventado o roto; la válvula de goma está agrietada. En estos tres casos, el inodoro pierde agua de forma permanente.

Si el flotador está mal ajustado, manipule el brazo: tuerza el vástago hacia abajo para reducir el nivel del agua en la cisterna.

con una mano. Gírelo un cuarto de vuelta en el sentido contrario a las agujas del reloj y levántelo para sacarlo de la cisterna.

▶ En el extremo inferior de este modelo de pulsador se encuentra la válvula de goma (**véase foto 1**). Límpiela. Si la arandela de goma flexible presenta el más mínimo defecto, cámbiela por otra nueva.

Sustitución del grifo del flotador o del flotador deteriorado. La mayoría de las veces, para solucionar los problemas, basta con cambiar el grifo antiguo por un modelo con flotador incorporado (**véase foto 2**). Así se consigue un flujo mayor y una mejor precisión de ajuste del nivel de agua.

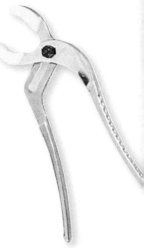

▶ Elija un modelo que se adapte a la forma de la cisterna, y, sobre todo, a la altura de la tapa.

▶ Corte la entrada de agua y vacíe la cisterna accionando el tirador.

▶ Saque la tapa de la cisterna. Generalmente, basta con desenroscar la parte superior del tirador.

▶ Desenrosque la conexión de la llegada del agua y desmonte el grifo interno y su flotador.

▶ Monte el nuevo mecanismo de grifo con flotador incorporado en el lugar del antiguo.

Ajuste del nivel de agua del inodoro. Los grifos con flotador incorporado llevan un tornillo de ajuste (**véase foto 3**) que basta con enroscar o desenroscar para que el nivel de agua dentro de la cisterna se sitúe por debajo del orificio del rebosadero.

Si se trata de un flotador sujeto a un vástago que acciona el grifo, el ajuste de la altura del agua se efectúa torciendo el vástago hacia arriba con el fin de aumentar el nivel o hacia abajo si lo que se desea es reducirlo (**véase croquis inferior**).

1. Compruebe la presencia de una posible incrustación de cal debajo de la junta del mecanismo central. Si es así, no dude en cambiar esta válvula de goma.

2. En este modelo de grifo con flotador incorporado, basta con desenroscar una corona de plástico para soltar el mecanismo de alimentación.

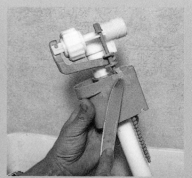

3. En algunas ocasiones, se forman incrustaciones de cal en el flotador, hecho que le impide subir: puede rasparlas con la hoja de un cuchillo.

Fugas fuera de las cisternas de los sanitarios

Las fugas que se producen fuera de la cisterna o del inodoro son fáciles de detectar y pueden provocar daños importantes, mucho más importantes que una anomalía en el flotador. Por consiguiente, saber resolverlas es crucial.

Si comprueba que la cisterna, que suele estar húmeda, pierde algunas gotas de agua que caen al suelo, reaccione inmediatamente. A menudo, el problema procede de la junta situada debajo de la cisterna, detrás del inodoro; a veces, los tornillos de fijación no garantizan la inmovilización perfecta de la cisterna o del inodoro (**véase croquis**).

Problema de estanqueidad entre el inodoro y la cisterna

La reparación consiste en desmontar la cisterna para separarla del inodoro y sustituir la junta de estanqueidad o, incluso, los tornillos de fijación y el mecanismo de la cisterna (**véase p. 96 y 97**). Si debe realizar esta operación, aproveche para cambiar el mecanismo interno de la cisterna por un modelo económico de dos velocidades que permita liberar solo 3 litros de agua en lugar de 8 o 10 litros (**véase p. 61**).

Restablecer la estanqueidad entre el inodoro y la cisterna. Anote la marca de la cisterna y su altura interna. Compre un kit completo que incluya todos los elementos necesarios para la reparación.

▶ Cuando introduzca el nuevo mecanismo de la cisterna, tenga en cuenta que la junta se apoye en una superficie limpia y plana.

pulsador o tirador

cisterna

llave de cierre

la entrada del agua se encuentra a la derecha o a la izquierda (todas las cisternas tienen un orificio en ambos lados)

entrada de agua

tapa del inodoro

junta entre la cisterna y el inodoro

tornillo de fijación de la cisterna

junta con bordes de neopreno

inodoro

tubo de evacuación acodado o conducción recta

tornillo de fijación en el suelo

Puntos que pueden causar una fuga en el exterior de una cisterna.

Si se produce una fuga en una cisterna empotrada, deberá recurrir a un profesional.

▶ En el nuevo mecanismo, después de desenroscar la tuerca grande de PVC, monte la junta en la base de la rosca. Colóquela contra el collarín sin deformarlo.

▶ Antes de volver a montar la cisterna encima del inodoro, cambie los dos tornillos de fijación, si están oxidados o torcidos, por modelos de acero inoxidable o de plástico.

▶ Cuando haya realizado esta operación, vuelva a conectar el grifo de cierre en el lateral de la cisterna. Abra la entrada de agua y proceda a su llenado. Compruebe su buen funcionamiento antes de volver a montar la tapa.

▶ Después del llenado de agua, no olvide ajustar el nivel de la misma en la cisterna para evitar que salga por el rebosadero; para ello, fije bien el tornillo de ajuste o el vástago del flotador (**véase croquis p. 94**).

Tubo de PVC flexible para conexiones complejas (especialmente en reformas).

Fugas entre el inodoro y el tubo de evacuación

En el sitio en que se encuentran los tornillos de fijación del inodoro puede acumularse mucha humedad, no solo en caso de fuga, sino también debido a la filtración del agua a la hora de fregar el suelo. Esta intervención requiere desmontar el inodoro (**véase croquis inferior**). Antes de actuar, cierre el grifo

Montaje y desmontaje de una cisterna

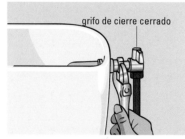

1. Cierre la entrada de agua. Tire de la cadena para vaciar por completo la cisterna. Desenrosque la tuerca del grifo de cierre para separar la cisterna de su alimentación. Coloque una bayeta en el suelo.

2. Desenrosque los dos tornillos que fijan la cisterna en el inodoro con unos alicates multiusos para desbloquear las tuercas, que suelen estar oxidadas. Tire hacia arriba para separar la cisterna y colóquela plana encima de algunos trapos.

3. Retire la junta antigua de espuma que garantizaba la estanqueidad entre el inodoro y la cisterna. Limpie los bordes del orificio, tanto por dentro como por fuera, para eliminar las incrustaciones de cal.

4. Introduzca el nuevo mecanismo en el interior de la cisterna. Por fuera, monte la tuerca de PVC en la rosca. Centre el mecanismo y enrosque la tuerca con la llave especial suministrada. Bloquéelo para comprimir la junta.

5. Coloque la junta de espuma sobre la tuerca de PVC. Manténgala en su sitio; para ello, intente colocarla alrededor de la tuerca con el fin de que se sujete provisionalmente sin fijación.

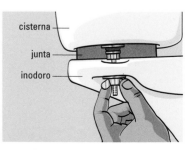

6. Vuelva a colocar la cisterna en posición vertical. Introduzca los dos tornillos a través del inodoro y apriete las tuercas de orejetas. Apriete sucesivamente la tuerca de la izquierda y después la de la derecha para comprimir la junta.

Sustituir la junta de elastómero en la salida del WC

1. Retire la junta gastada. Después de desmontar el inodoro del WC, corte el anillo con una sierra para metales. Coloque la junta.

2. Coloque el nuevo anillo en el tubo de la canalización de conexión. Encaje la junta de elastómero colocándola en el cuello previsto a tal efecto.

3. Tire el anillo hacia delante por encima de los resaltes cónicos con el fin de inmovilizar la junta en el cuello.

de la cisterna y accione el mecanismo de la misma para proceder a su vaciado. Con la ayuda de una esponja, intente vaciar parcialmente el agua del sifón del inodoro.

Desmontar el inodoro y sustituir la junta del tubo de empalme.

▶ Desmonte la tuerca de ajuste del grifo de cierre para separar la cisterna del circuito de llegada del agua.

▶ Desenrosque los tornillos de fijación del inodoro. Si las fijaciones no se pueden desmontar, córtelas pasando la hoja de una sierra entre el inodoro y el suelo.

▶ Retire el inodoro desencajando el tubo de empalme. Apoye la cisterna contra una pared y calce la base para evitar que se vuelque y se rompa.

Restablecer la estanqueidad entre el inodoro y el manguito de evacuación.

▶ A veces, basta con sustituir la junta de estanqueidad **(véase croquis 1 a 3)**. En el caso de un manguito con junta intercambiable, desmonte el anillo de ajuste y retire la junta gastada. Cambie la junta y el anillo de ajuste y vuélvalo a montar todo.

▶ A menudo, el propio manguito o el codo son demasiado viejos para conservarlos. En este caso, la reparación consiste en serrar el manguito de evacuación de PVC por la base y en encajar y pegar un nuevo manguito de diámetro idéntico.

Para desmontar el inodoro, proceda como se ha indicado anteriormente.

Para volver a montarlo, introduzca la salida del inodoro en la junta del manguito, a la que previamente habrá aplicado grasa de silicona. Después, puede conectar la cisterna con el grifo de alimentación y volver a fijar el inodoro en el suelo.

Si durante el montaje el inodoro no ocupa el mismo sitio que antes, no le será posible enroscar el anillo del grifo de alimentación. En este caso, será suficiente con rectificar la posición del inodoro en el suelo o incluso modificar el recorrido del tubo de alimentación.

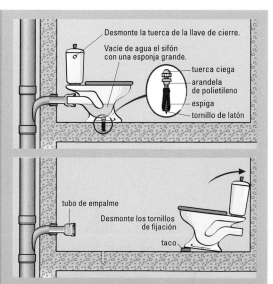

Desmonte la tuerca de la llave de cierre.
Vacíe de agua el sifón con una esponja grande.
tuerca ciega
arandela de polietileno
espiga
tornillo de latón

tubo de empalme
Desmonte los tornillos de fijación
taco

En las intervenciones que requieran el desmontaje del inodoro del WC, calce el inodoro contra la pared para evitar que se vuelque.

Ventilación
Aislamiento

Eliminar las humedades

Origen de las humedades

Determinar el origen de las humedades es esencial, ya que de nada sirve volverlas a pintar y a tapar si no se ataja el problema de raíz. Solo logrará una actuación eficaz si sabe de dónde proceden. En caso de afectación de todo un trozo de pared o de los cimientos, probablemente necesite la ayuda de un profesional.

Infiltraciones del agua de lluvia

En las fachadas muy expuestas a tormentas importantes, si no están protegidas con un revestimiento estanco, pueden aparecer fácilmente manchas de humedad. En otros casos, el agua puede filtrarse en la estructura a través de una chimenea mal realizada, una teja rota, una grieta, o proceder de la bajante de un canalón en mal estado o de los empalmes de canalizaciones desgastadas. El agua va abriéndose paso por la obra, y, a veces, es difícil encontrar el origen de la filtración, que puede situarse lejos de los puntos deteriorados. Cuando llueva mucho, no dude en revisar el tejado, las tuberías exteriores y las fachadas para detectar el posible origen de las filtraciones.

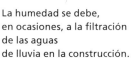

La humedad se debe, en ocasiones, a la filtración de las aguas de lluvia en la construcción.

Absorbedor de humedad a base de cristales de cloruro de calcio. Los cristales deben cambiarse en cuanto quedan saturados de agua, ya que, de lo contrario, la humedad vuelve a entrar en la habitación.

Subida por capilaridad

La humedad más difícil de tratar es la que procede del suelo. Sube por capilaridad por el material, como el agua en una esponja. Estas subidas son de temer, porque pueden estar afectando a los cimientos y manifestarse más tarde. Cuando al pie de las paredes aparecen manchas blanquecinas de salitre, formadas por depósitos de sal, los revestimientos, incluso los morteros de rellenado de las juntas, se abotargan y pueden deshacerse. Este tipo de humedad subterránea puede tener como causa la proximidad de una capa freática con suelo arcilloso, una fuga de una canalización o incluso la acumulación del agua de lluvia al pie de los cimientos. En todos los casos, requiere la realización de importantes obras, tanto de saneamiento como de estanqueidad.

La escorrentía y la condensación

Cuando aparecen signos de humedad en un cuarto de baño o en la cocina, su causa suele responder a una fuga en una canalización que genera la escorrentía del agua, o a una mala estanqueidad de los sanitarios y electrodomésticos o incluso a la condensación. Esta última está provocada por el contacto de un aire sobrecargado con vapor de agua contenido en el aire con una superficie fría, como una pared mal aislada, por ejemplo. En parte, está relacionada con una falta de ventilación y de calefacción. La presencia frecuente de vaho en las paredes es la primera señal de alerta, antes incluso de que aparezca el moho.

Tratamiento de las humedades interiores

La humedad, en ocasiones, tiene su origen en el interior de la vivienda. Las manchas de moho que aparecen en las cocinas y cuartos de baño pueden estar provocadas por contacto directo, cuando la estanqueidad de los fregaderos o los lavabos, por ejemplo, es deficiente. Otra posibilidad es que estén relacionadas con la condensación, fenómeno característico de los lugares mal ventilados. Tanto en una situación como en la otra, es importante reaccionar rápidamente, antes de que los daños sean demasiado importantes.

Los restos de moho se deben a veces a una mala ventilación. Cuando aparecen encima de la pintura, pueden quitarse con detergente.

Prevenir los riesgos

Se pueden tomar algunas precauciones que reducen los riesgos de estancamiento, de filtración o de escorrentía en el momento de diseñar las estancias llamadas húmedas: realizar una pendiente, instalar zócalos en forma de jota, montar bases, colocar los lavabos, los fregaderos y las bañeras a cierta distancia de la pared... Si en la habitación hay tabiques de yeso, puede protegerlos contra el agua de fregar o los desbordamientos colocando en la parte inferior una protección de 2 cm como mínimo. La colocación de una hilera de azulejos de yeso hidrófugos también ofrece este tipo de protección. Finalmente, en los cuartos de baño, el mejor revestimiento son los azulejos, al menos alrededor de los sanitarios. Se pueden colocar encima de una hoja de poliestireno aislante.

Controlar la estanqueidad

De manera general, cuando el revestimiento se rompe es esencial que recupere la estanqueidad, tanto si se trata de tuberías que atraviesan la pared, de fijaciones de muebles o del calentador de agua. Las canalizaciones pueden aislarse con manguitos de espuma. Sobre todo, es primordial garantizar una buena estanqueidad alrededor de los sanitarios y de los electrodomésticos. Esto significa que los empalmes, juntas o masillas de estanqueidad no deben presentar ninguna discontinuidad y deben mantenerse correctamente. Vigile, por ejemplo, que la junta entre la bañera y los azulejos no presente rastros de moho y, si es así, sustitúyala utilizando masilla de silicona fungicida o perfiles de plástico. Controle, asimismo, el estado de las juntas de los azulejos. Si se deterioran hasta el punto de que la humedad entra en el tabique, deberá rehacer el revestimiento.

Para comprobar si la humedad se debe a la condensación, puede pegar con cinta adhesiva un trozo de papel de aluminio en la pared: si, al día siguiente, aparece vaho en la parte exterior, el diagnóstico era correcto; de lo contrario, significa que la humedad procede del exterior.

Azulejos de yeso hidrófugo

Gracias a su porosidad, el azulejo de yeso relleno o alveolado regula la humedad ambiente. El color determina la función de cada azulejo: el azul-verde indica una fabricación hidrófuga, el malva es un modelo para el aislamiento térmico, mientras que el blanco, relleno y grueso, es un buen aislante acústico. Además, el azulejo de yeso ofrece una protección eficaz contra el fuego porque es incombustible.

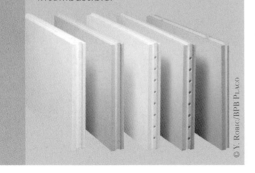

© Y. ROBIC/BPB PLACO

Reducir la condensación

La concentración de vapor de agua en las paredes crea con el tiempo unas manchas negras y moho. Este problema de condensación puede aparecer tanto en viviendas pequeñas cuyos cuartos de baño y cocinas no dan al exterior como en los pisos grandes con mala calefacción o a menudo deshabitados. Las soluciones preferidas suelen pasar por mejorar toda la ventilación, el aislamiento y la calefacción en conjunto.

Ventilación. Para evitar que el aire esté demasiado cargado de humedad, es importante que circule y se renueve; de ahí la necesidad de instalar, como mínimo, rejillas de ventilación cuando no hay aberturas.

Sin embargo, los sistemas de ventilación mecánica controlada (VMC) son más eficaces (**véase** p. 113). Puede completarlos con entradas de aire y bocas de extracción higrorregulables: accionadas por sensores de humedad, éstas regulan el caudal de aire en función del nivel de higrometría de la habitación.

Aislamiento y calefacción. Las viviendas deben tener una buena calefacción para que no queden saturadas de humedad. Como el vaho se genera por el contacto entre el vapor de agua y una pared fría, el aislamiento térmico también desempeña un papel importante. Reducir las variaciones bruscas de temperatura contribuye a evitar la condensación.

Sin embargo: si decide mejorar el aislamiento, deberá aumentar paralelamente la ventilación.

Si refuerza el aislamiento de las ventanas, debe aumentar la ventilación.

Tratamiento del moho

Antes de sustituir un revestimiento estropeado por la humedad, es importante determinar primero la causa del problema, realizar las reformas necesarias y dejar secar la pared. A partir de entonces, podrá plantearse tranquilamente reparar los daños ocasionados.

Limpiar el soporte. La forma de quitar el moho depende del revestimiento, de la pared y de su estado de deterioro: el papel pintado debe arrancarse; la pintura debe limpiarse con detergente y el yeso o el mortero se deben raspar o cepillar. Si las manchas negras persisten, puede utilizar productos fungicidas (contra el moho) o quemar dichos hongos con un soplete.

Aplicar fungicidas. Antes de colocar o de aplicar un nuevo revestimiento, debe aplicar un producto fungicida de larga duración en la superficie. Impregne el material al máximo, si es necesario con dos o tres aplicaciones a pincel. Si, a pesar de ello, el moho ha tenido tiempo de impregnar la pared, deberá inyectar el producto profundamente, realizando agujeros un poco inclinados hacia abajo cada 35 cm. Después de la inyección, vuelva a tapar los agujeros y espere a que se seque la superficie. Es aconsejable caldear la habitación en cuestión y mantener una temperatura elevada durante varios días antes de volver a pintar o a empapelar.

Tratamiento de la carpintería. La carpintería también puede verse afectada por diferentes tipos de hongos (**véase** recuadro) y podrirse. La madera se contrae y después se agrieta en el sentido de las vetas. Para tratarla, raspe y cepille las partes afectadas hasta obtener una superficie lisa y en buen estado. Séquela y aplique un producto fungicida apropiado. Si la

Cuidado con el merulio

El merulio es el peor de los hongos relacionados con la presencia de humedades. Suele desarrollarse en los sótanos húmedos y se manifiesta en forma de regueros blancos que se dirigen hacia la carpintería y que pueden alcanzar más de diez metros. En cuanto entran en contacto con la madera, se introducen dentro y la deshacen, y esta podredumbre genera un fuerte olor a moho. En estos casos, hay que destruir todas las partes afectadas y acabar con el hongo en su origen. Pida consejo a un profesional, ya que resultará mucho más eficaz.

Secar localmente un tabique de yeso

1. Retire las partes extraíbles con un cuchillo de pintor de hoja fija. Es importante retirar el zócalo si emite un sonido mate cuando se golpea con el mango de una herramienta.

2. Raspe con un cepillo metálico las últimas partículas no adherentes. Lije por encima el resto de la pared para quitar la pintura y hacerla permeable al producto endurecedor.

3. Aplique el endurecedor con un pincel en las partes al descubierto. Después, trate todo el tabique con el rodillo. Proteja el suelo y los zócalos con un plástico.

degradación es más profunda, puede corregirla con una pasta de madera, e incluso, si es necesario, cambiar una parte de la carpintería.

Secar localmente un tabique

En algunas situaciones, el tratamiento de la humedad en su origen puede ser delicado, sobre todo en los casos de subidas capilares que requieren grandes obras de saneamiento. En estos casos, puede aplicar localmente un endurecedor hidrófugo para formar una barrera estanca. Sin embargo, no será una solución definitiva, porque el agua pasará por otro sitio. Si trata así un tabique interior, sepa que solo es una solución temporal.

Después de haber dejado al descubierto la parte del tabique afectado por la humedad, aplique el producto hidrófugo (**véase secuencia inferior**). Después, déjelo secar y rellene los huecos, si no son muy profundos, con una capa de un producto para tapar y alisar. Por seguridad, espere algunas semanas antes de volver a pintar o de colocar otro revestimiento mural.

Aplicación del mortero antisalitre

1. Elimine todas las partes extraíbles y retire con el pico algunos centímetros de la junta. Limpie la pared con agua a chorro.

2. Sustituya las piedras que falten o que estén rotas por elementos sanos, que deberá colocar y fijar con el mortero.

3. Aplique el mortero antisalitre en tres capas (una cada día) para obtener un grosor de 15 a 20 mm.

Tratamiento de las paredes contra las filtraciones

Dependiendo de si la humedad proviene de la filtración de las aguas pluviales o de las aguas subterráneas, conocida como subida por capilaridad, las soluciones que se deben llevar a cabo son diferentes. Cambiar una teja, desatascar un canalón o arreglar una grieta puede bastar en ocasiones para atajar el mal de raíz. Pero a veces, para solucionar el problema, son necesarias acciones más importantes, como aplicar un mortero antisalitre o acabar con la capilaridad.

Luchar contra el salitre

Las construcciones antiguas, húmedas y con salitre, pueden ser objeto de un tratamiento de saneamiento con un mortero especial (Terrasane).

Formación de salitre. La presencia de salitre indica que el agua ha migrado dentro de la obra. En este caso, la pared se comporta como una esponja: bombea el agua del suelo cargada de sales (carbonatos, sulfatos, etc.). Con los años, el agua se evapora y las sales se acumulan en el interior de la pared. Cuando ésta vuelve a humedecerse, las sales se hinchan y dan lugar a unas eflorescencias blanquecinas que destruyen el revestimiento. Las bacterias –que se alimentan de amoníaco y de carbonatos– dan lugar al salitre.

Solución. El mortero antisalitre posee una red capilar importante que facilita la evaporación del agua y almacena las sales en unos microdepósitos. Estas dos funciones evitan la aparición de las manchas y la destrucción del revestimiento. Su aplicación se realiza en tres capas sucesivas (**véase** **secuencia p. 104**).

Los tratamientos hidrófugos de superficie, incoloros, refuerzan la estanqueidad de la obra.

Proteger la fachada de las inclemencias climáticas

En las zonas muy lluviosas, prevenir las filtraciones y la escorrentía de agua, tanto en las fachadas como en el tejado, pasa por tomar ciertas precauciones: colocar un revestimiento especial en las fachadas más expuestas, añadir sistemas de rebosamiento en el tejado o salientes de obra. También puede plantar árboles o arbustos que, con el tiempo, constituirán una pantalla contra la lluvia, pero colóquelos lo suficientemente alejados para que el tejado no corra peligro. Para mejorar la estanqueidad de la construcción, aplique un tratamiento hidrófugo de superficie. Los productos disponibles a tal efecto son eficaces y respetan las dos reglas de oro: hacer que la pared sea estanca y dejarla respirar al mismo tiempo. Este procedimiento también protege las superficies de musgo, liquen, suciedad y deterioros. Es incoloro y no modifica el aspecto externo.

Las grietas, tanto si están en el suelo como en la fachada, deben rellenarse para evitar las filtraciones.

Reparar las fugas y las grietas

Un canalón que se desborda, una chimenea con juntas mal realizadas y el alféizar de una ventana o una terraza con grietas son elementos que favorecen las filtraciones; de ahí la importancia de mantener la obra adecuadamente. Arreglar una fuga pasa también por soluciones muy variadas, dependiendo de si el problema procede del techo, de la fachada o de una abertura. Destaca el refuerzo de la unión entre las partes de obra y la carpintería, el cambio de una teja o el rellenado de las microgrietas: revestimientos y masillas sintéticas funcionan cuando no superan los 10 mm. Más allá, es mejor utilizar un producto que refuerce la estanqueidad. En todos los casos, es importante zanjar el problema de raíz antes de rehacer los revestimientos interiores.

A falta de poder tratar el mal de raíz, se puede aplicar en el sótano un revestimiento hidrófugo.

Paliar las humedades en el sótano

En caso de humedad en un sótano bajo tierra, no siempre podrá tratar la filtración en su origen. Para tener el espacio limpio, al menos, puede aplicar en la pared interna un revestimiento hidrófugo (**véase** **recuadro**), o montar un contratabique. La humedad no desaparecerá, pero al menos no se verá. **Instalar un contratabique.** Utilice placas de yeso de 10 mm de grosor revestidas de una hoja de aluminio contra la condensación y proceda del modo siguiente:

▶ Atornille en la pared una estructura de listones de madera tratada o de perfiles metálicos de acero galvanizado. Dispóngalos en zigzag para que el aire pueda pasar de un compartimento al otro.

▶ Atornille las placas de yeso en la estructura. Con este sistema, el contratabique queda separado de la pared «enferma» algunos centímetros, de manera que la parte de obra puede «respirar».

▶ Prevea colocar en la parte superior e inferior dos rejillas de ventilación: así mejorará la circulación de aire detrás del revestimiento, lo cual ayudará a sanear el espacio.

Aplicar en los muros enterrados un revestimiento a base de brea previene las subidas por capilaridad.

Prevenir las subidas capilares

Las subidas por capilaridad se manifiestan por la presencia en la base de las paredes de salitre y de abotargamientos que pueden llegar a subir hasta 2 m del suelo.

Normas de construcción. Para prevenir este tipo de problema, las normas de construcción imponen proteger el edificio con un corte estanco horizontal, llamado «corte de capilaridad», instalado en la base de las paredes. Esta junta de estanqueidad debe situarse a 15 cm del suelo y puede hacerse con un fieltro con brea o mortero de cemento con un producto hidrófugo. Para mejorar la estanqueidad, es aconsejable aplicar en los muros enterrados un revestimiento estanco: pintura, revestimiento a base de brea u hoja alveolada de polietileno.

Drenar antes de construir. En algunos terrenos permeables, que retienen más las aguas de escorrentía, los riesgos de subidas por capilaridad son mayores. En estos casos, es mejor drenar antes de construir... Sin embargo, el drenaje puede realizarse en todo momento. Consiste en instalar, en una zanja

Productos de impermeabilización hidrófugos

El revestimiento hidrófugo se utiliza especialmente para conseguir la estanqueidad de las piscinas. Aplicado en una pared húmeda, forma una barrera que evita el paso del agua. No dude en aplicar dos o tres capas en las partes de obra húmeda, si es necesario, con la ayuda de una escoba o de un rodillo.

alrededor de la casa, tuberías porosas o perforadas destinadas a recoger las aguas de filtración y a evacuarlas, por ejemplo, hacia un foso. La zanja se rellena con materiales naturales o sintéticos que actúan como filtro y el suelo se nivela justo por debajo del nivel del revestimiento estanco colocado en la base de los muros (**véase croquis 1**).

Crear un corte de capilaridad

Si vive en una casa antigua, es posible que la construcción no esté protegida por un corte de capilaridad. Remediar esta situación requiere unos trabajos largos y costosos, que es mejor confiar a un profesional. La realización puede ser mecánica o química.

Barrera mecánica. Se retira la parte inferior del muro, trozo a trozo, y se va sustituyendo por un material hidrófugo. Otra solución consiste en serrarlo por la base e introducir una hoja estanca, por ejemplo, de fieltro embreado, antes de rellenar el corte con mortero.

Barrera química. También es posible crear un corte de estanqueidad de tipo químico. En este caso, se utilizan productos hidrófugos, formados por una mezcla de cemento, cuarzo y resina. Estos productos funcionan según el siguiente principio: en un primer momento, se cargan de agua, después se endurecen y se transforman en cristales hidrófugos, antes de rellenar todas las microgrietas y de formar una barrera contra las subidas por capilaridad. Se introducen por flujo gravitacional o inyectados bajo presión en unos agujeros practicados en la base de los muros. Este procedimiento también es válido cuando el muro ya presenta restos de humedad, o cuando se trata de reforzar una junta de estanqueidad ya existente.

Secar con sifones

Para resolver el problema de las filtraciones de agua por el sótano, también se puede secar la parte baja de la obra con sifones atmosféricos. El procedimiento consiste en hacer agujeros bastante profundos en la base del muro cada 50 cm y en introducir en el interior unos drenajes ligeramente inclinados hacia abajo. A continuación, la abertura se debe proteger con una rejilla (**véase croquis**). Según este principio, el aire seco que entra en el drenaje se carga con la humedad contenida en el muro y después la evacua hacia fuera. Este método, a veces controvertido, se utiliza en general para completar otros tipos de tratamiento.

aire seco
aire húmedo y pesado
humedad del muro

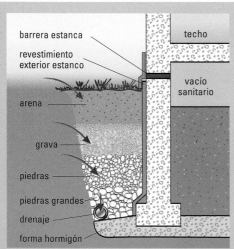

barrera estanca
revestimiento exterior estanco
techo
vacío sanitario
arena
grava
piedras
piedras grandes
drenaje
forma hormigón

1. Las construcciones nuevas deben incluir como mínimo un corte de capilaridad a 15 cm por encima del suelo, preferentemente un revestimiento estanco a lo largo de las paredes enterradas y, si es necesario, un sistema de drenaje destinado a evacuar las aguas de escorrentía.

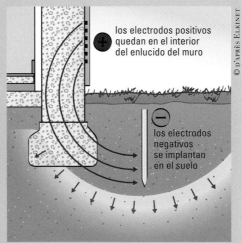

los electrodos positivos quedan en el interior del enlucido del muro

los electrodos negativos se implantan en el suelo

2. Principio de funcionamiento de un sistema de saneamiento por electroosmosis activa. Alimentado con tensión eléctrica, este sistema seca el muro.

© LAPEYRE

Una marquesina es un objeto de hierro forjado destinado a proteger la zona de la puerta de entrada.

Reforzar un corte de capilaridad

A largo plazo, el corte de capilaridad puede deteriorarse. Entonces, es aconsejable reforzarlo con un producto hidrófugo. Si decide hacerlo, alquile una máquina de inyectar y calcule aproximadamente 3 litros de producto por metro cuadrado. En caso de muros rellenos, practique la inyección por el exterior. Si están vacíos, trate ambas caras. Si la humedad llega a los revestimientos internos, trabaje preferentemente por el interior, procediendo de la manera siguiente:

▶ Retire el revestimiento. Deje al descubierto las piedras o los ladrillos a lo largo de la junta existente, sin tocar los cables y canalizaciones que pueda haber.
▶ Realice por encima de la junta de estanqueidad unos agujeros de 75 mm de profundidad cada 12 cm. No atraviese el muro, porque lo debilitaría. Si es muy grueso, realice los agujeros desde dentro y desde fuera.
▶ Inyecte el líquido según las instrucciones de uso de la máquina, y deténgase en cuanto el producto aflore a la superficie. Proceda del mismo modo con todos los agujeros.
▶ Déjelo secar durante al menos dos días. Cuando las piedras o los ladrillos tratados recuperen su aspecto original, tape los agujeros con mortero. Deje que se endurezcan antes de rehacer el revestimiento mural.

Refuerzo de un corte de capilaridad.
La inyección de un producto hidrófugo en la base del muro permite crear una barrera química frente a las subidas por capilaridad.

© R. GOHARIAN/DOMOSYSTEM

Sistemas de electroosmosis

Técnicamente probados, los sistemas de electroosmosis utilizan los fenómenos electromagnéticos para que el agua refluya en el suelo. El agua sube del suelo a la obra por efecto de una corriente eléctrica, como sucede con una pila. Si se crea una inversión de polaridad, este movimiento queda anulado y el agua inicia un descenso.

En la práctica, se instalan unas sondas unidas entre sí en la base de los muros y se conectan a una toma de tierra (**véase croquis 2**). Las sondas (electrodos) actúan como polo positivo, y la toma de tierra como polo negativo. El agua deja de subir y empieza a secarse (Elkinet).

En su realización más simple, el procedimiento se llama «electroosmosis pasiva». Si para obtener una mayor eficacia añadimos un generador eléctrico, se habla de «electroosmosis activa». Entre las evoluciones más recientes también figura la electroforesis que, a efectos de lo citado anteriormente, obtura progresivamente la red capilar de la obra mediante partículas metálicas en suspensión. Todos estos sistemas deben ser instalados por un profesional. Sus efectos son visibles en solo algunos meses.

Garantizar una buena ventilación

Ventilación estática

La ventilación llamada «natural» o «estática» se basa en la instalación de rejillas de ventilación no motorizadas, bien distribuidas en diferentes puntos del piso o de la casa. Aunque resulte menos eficaz que una ventilación mecánica, puede bastar para garantizar una buena renovación del aire.

Razones para ventilar

La ventilación tiene diferentes funciones: eliminar los gases y los olores, los contaminantes, el vapor de agua, renovar el aire... Sobre todo, evita los fenómenos de condensación, relacionados con las diferencias de temperatura entre el interior y el exterior: pinturas y papeles pintados pueden estropearse completamente si el aire cargado de humedad no se evacua correctamente.

Desde hace algunos años, la ventilación se ha convertido en uno de los elementos esenciales de confort en las viviendas. Este fenómeno, en parte, está relacionado con los avances crecientes del aislamiento, relacionados, a su vez, con el ahorro de energía (**véase** recuadro). Un sistema de ventilación bien pensado se ha convertido en algo imprescindible en los pisos modernos completamente cerrados. A ello se añade una necesidad creciente de higiene y de salud. Los sistemas que se consideran más eficaces recurren a aparatos motorizados, pero la ventilación llamada «natural» o «estática» sigue teniendo adeptos. Puede ser localizada, estancia por estancia, o centralizada.

Ventilación estancia por estancia

En un estudio o piso pequeño, se puede instalar una ventilación estancia por estancia. El principio es simple: el aire, para circular,

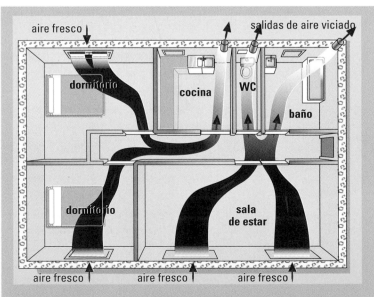

Según los esquemas de ventilación, el aire debe entrar por todas las estancias secas y salir por todas las estancias húmedas.

debe estar sometido a una diferencia de presión. Por lo tanto, se deben colocar dos rejillas de ventilación: una en la parte baja, a menos de 0,50 cm del suelo, y la otra en la parte alta, a más de 1,80 m. La presencia de un único orificio, tanto para la entrada como para la salida, no crearía ventilación, sino una simple aireación. Para una buena circulación del aire, estas rejillas deben situarse preferentemente en paredes opuestas. También deben ser de valores idénticos, es decir, dejar pasar la misma cantidad de aire. Este valor, indicado en el producto, está expresado en principio en centímetros cuadrados. Sustituir la rejilla alta por un conducto que desemboque en el tejado es una segunda opción, incluso más eficaz. Ventilar localmente implica, sin embargo, que todas las estancias tengan una pared que dé al exterior, o que algunas no sean tratadas. En este caso, es mejor realizar un esquema de ventilación para pensar la circulación del aire en función de todas las estancias.

La ventilación llamada «natural» o «estática» responde a la necesidad creciente de higiene y salud.

Esquema de ventilación

Cuando un piso dispone de un esquema de ventilación, las rejillas y conductos del aire se posicionan de forma que el aire entra por ciertas estancias y sale por otras, y circula por todo el piso (**véase** croquis de la página anterior). Las estancias de entrada son las habitaciones llamadas secas: dormitorios, sala de estar. Las estancias de salida son los lugares más húmedos: cuarto de baño, cocina. Con esta distribución, se evita la propagación de humedad y de olores desagradables. Las rejillas de entrada se suelen colocar en la parte superior de las ventanas, mientras que las rejillas de salida se colocan preferiblemente en el techo con una salida en el tejado. La transferencia de aire de una estancia a otra se realiza mediante el destalonado de las puertas (es decir, cortando la parte inferior de las mismas), para dejar un espacio libre de, como mínimo, 1,5 cm. La disminución del paso debajo las puertas, al cambiar una moqueta o al colocar un parquet, puede provocar tener que volver a destalonarlas para no romper el esquema de ventilación. También hay que evitar no

Rejilla de ventilación de un muro exterior

Aislamiento y condensación

La aparición de nuevas necesidades en materia de aislamiento está relacionada, en gran medida, con los avances de los materiales de construcción y, por consiguiente, con los nuevos ahorros en energía. Antiguamente, puertas y ventanas dejaban pasar el aire de forma natural. Los beneficios de una ventilación específica se imponían con menor fuerza, aunque las corrientes de aire generaban gran consumo de energía en invierno, aportaciones de aire caliente en verano o, a la inversa, fenómenos de condensación. La llegada al mercado de ventanas corredizas de nueva generación, de madera, aluminio o PVC, ha cambiado la situación: las viviendas son más estancas, de ahí la necesidad de revisar la circulación de aire entre el interior y el exterior de las casas.

Rejillas en los marcos

Las entradas de aire pueden instalarse en la parte de arriba de las ventanas de madera, lo cual es más fácil que agujerear la pared. Estas rejillas, en general autoajustables, dejan entrar un flujo de aire concreto. Las ventanas de PVC, por su parte, suelen venderse con rejillas de entrada del aire incluidas.

obturar nunca una entrada o una salida de aire, incluso en invierno. El incumplimiento de estos dos postulados provoca irremediablemente graves problemas de condensación y de degradación.

Instalar una rejilla de ventilación

Colocar una rejilla de ventilación implica agujerear la pared exterior. Esta operación puede realizarse con un taladro electroneumático, una perforadora o un buril y un martillo. El interior del agujero puede dejarse tal cual o enlucirse. En este caso, las dos rejillas que cierran la abertura se fijan en la pared con cuatro tornillos o con masilla de silicona. También se puede instalar un tubo de PVC en el orificio, en el que se pegarán las dos rejillas (**véase** croquis). Esta solución tiene la ventaja de reducir las molestias sonoras. Si es posible, evite colocar una rejilla de ventilación en una fachada expuesta a los vientos dominantes, porque provocaría importantes variaciones de las corrientes y fuertes entradas de aire frío en invierno. En un bloque de pisos, no haga nada sin avisar al presidente de la comunidad de propietarios.

El dispositivo de filtración de una ventilación mecánica debe resultar accesible para su mantenimiento anual.

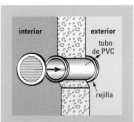

Conducto de ventilación simple, formado por un tubo de PVC y dos rejillas que se deben pegar en los extremos.

Algunos aparatos, como la campana extractora, ofrecen la posibilidad de elegir dos velocidades de extracción mediante la simple manipulación de un botón de dos posiciones. Esta opción permite garantizar un flujo de aire más importante cuando cocinamos.

Ventilación mecánica

Con la ventilación mecánica, la extracción se realiza mediante un ventilador motorizado, que crea una depresión en el seno de la vivienda, de modo que el aire entra aún más fácilmente por las rejillas de ventilación. Entre otras ventajas, permite regular los caudales de aire de forma automática.

Se distinguen dos categorías de sistemas de evacuación: los llamados VMP (ventilación mecánica puntual), destinados a una sola estancia, y los llamados VMC (ventilación mecánica controlada) cuya finalidad es organizar la ventilación de toda la casa.

Cuidado con el gas

Por cuestiones de seguridad, la ventilación puede resultar obligatoria: es el caso si un local se calienta mediante estufas de fuel-oil o de carbón, o si los aparatos de cocina, calefacción o agua caliente funcionan con gas. La instalación de tales aparatos debe completarse con dispositivos específicos que permitan la evacuación del gas hacia el exterior en caso de fuga accidental o de mala combustión, y su instalación obedece a reglas precisas. Obstruir estas aberturas podría provocar accidentes muy graves.

Sistemas centralizados

La ventilación mecánica controlada (VMC) siempre incluye un ventilador central, colocado preferiblemente en el tejado. Está conectado con varias bocas de extracción a través de conductos flexibles o rígidos, y saca el aire por una abertura en el techo (**véase** croquis).

Como con la ventilación natural, las bocas de entrada, llamadas aireadores, se colocan en las estancias secas, y las bocas de extracción, o extractores, en las húmedas. Las primeras se sitúan en la parte alta de los marcos de las ventanas o en el cajón de las persianas; las segundas, en la parte alta de las paredes o en el techo. Todos los aparatos deben llevar incorporadas bocas autoajustables que dejen entrar o salir un caudal de aire concreto.

Entre las reglas esenciales para el buen funcionamiento de todo el conjunto se encuentran: no olvidar ninguna estancia, dejar pasar el aire por debajo de las puertas y equilibrar los caudales de entrada y de salida, que deben ser equivalentes. Actualmente, se pueden encontrar en el mercado unos kits listos para su colocación, que incluyen un ventilador y un conjunto de bocas autoajustables y de conductos flexibles.

Un mantenimiento limitado

El mantenimiento de una red de ventilación se limita a limpiar el polvo una vez al año. Las entradas de aire y las bocas de extracción se desmontan, se limpian y se vuelven a colocar. Mantenga

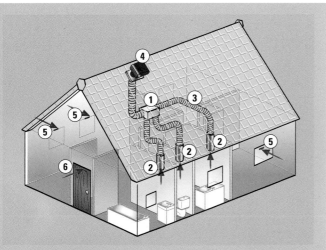

Un sistema de ventilación mecánica controlada está siempre formado, como mínimo, por un cajón central (1), conectado a varias bocas de extracción autoajustables (2), a través de conductos (3), con salida en el tejado (4). Varias rejillas de ventilación en el montante de las ventanas (5) o de las puertas (6) completan el conjunto.

Evitar las molestias sonoras

Para que un sistema de ventilación mecánica provoque las menores molestias sonoras posibles, es conveniente tomar ciertas precauciones en el momento de su instalación que limitan la propagación de las vibraciones:

▶ Suspender la caja central de modo que no permanezca en contacto ni con la carpintería ni con las paredes ni con el suelo.

▶ Alejar la caja central del vecindario, y situarla preferentemente lejos de los muros medio.

▶ Empalmar los conductos rígidos con manguitos flexibles, instalados con abrazaderas y una cinta adhesiva, o bien utilizar conductos flexibles.

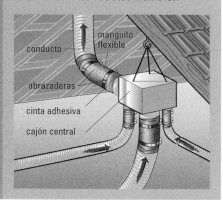

también limpios los conductos, el cajón central y la salida del techo.

Para limpiar las rejillas, puede utilizar perfectamente agua caliente con jabón; no utilice nunca productos abrasivos porque podrían rayar el plástico. Para las palas y el entorno del motor, utilice un cepillo de dientes viejo o un pincel pequeño. Las averías suelen ser provocadas por un fallo eléctrico del motor. Basta con comprobar si el fusible de protección ha saltado o si las conexiones eléctricas se han aflojado.

Caudales reglamentarios

Los caudales mínimos reglamentarios quedaron establecidos mediante una normativa. Estos valores corresponden al caudal mínimo que debe garantizarse permanentemente en una vivienda, incluso desocupada (**véanse las tablas**). Se expresan en metros cúbicos por hora.

A partir de estos datos se han definido los caudales de extracción adecuados en las estancias húmedas en las condiciones climáticas medias de invierno. Consulte estos valores para determinar el extractor que necesita. Las indicaciones necesarias figuran en los aparatos, pero, en caso de

duda, no dude en pedir consejo. Las bocas autoajustables son las únicas que permiten un verdadero control del caudal.

CAUDALES DE AIRE REGLAMENTARIOS							
Caudales (m³/h)	Número de estancias principales						
	1	2	3	4	5	6	7
CT*	35	60	75	90	105	120	135
CR*	20	30	45	45	45	45	45

* CT = caudal total de la vivienda; CR = caudal reducido en la cocina.

CAUDALES DE EXTRACCIÓN DE LAS ESTANCIAS DE SERVICIO					
Caudales (m³/h)	Número de estancias principales				
	1	2	3	4	5 y más
Cocina	75	90	105	120	138
Cuarto de baño	15	15	30	30	30

Con ventilación mecánica controlada (VMC), todas las bocas de extracción situadas en las estancias húmedas se conectan mediante conductos a un ventilador o cajón central situado en la estructura de cubierta.

La ventilación puntual

La ventilación mecánica puntual consiste en instalar extractores eléctricos independientes en la cocina o cuartos de baño. Los extractores centrífugos, equipados con un motor que acciona una hélice, se instalan en la parte alta de la pared, con abertura directa al exterior, o conectados a un conducto con salida al tejado. Deben acoplarse con una boca de entrada del aire, colocada en la habitación contigua, con la puerta destalonada.

Colocación de un extractor centrífugo. Antes de instalar el aparato, prepare la conexión a la red eléctrica. Se aconseja crear una línea independiente desde una caja de derivación que alimente los circuitos de los enchufes (**véanse pp. 29 a 31**). Así, el extractor contará con su propio enchufe. Practique los regueros adecuados para el paso de las vainas e instale el interruptor. Una vez hecho esto, puede empezar la colocación del extractor (**véase** secuencia). Cuando instale en la estructura del tejado el conducto de extracción suministrado con el aparato, asegúrese de colocarlo recto. Para la salida al tejado, coloque una teja perforada especial llamada «de ventilación».

Limpieza de las bocas de extracción. No olvide limpiar al menos una vez al año los extractores y otras rejillas de ventilación, aunque solo sea para quitar el polvo acumulado en el filtro.

El conducto de extracción fijado en la boquilla del aparato atraviesa la estructura del tejado, aquí aislada con lana de vidrio, y sale al dejado a través de una teja de ventilación.

Colocación de un extractor eléctrico con salida al techo

1. Trace el contorno y perfore. Utilice una sierra de calar, o una perforadora con buril si el material es duro. Amplíe el diámetro 3 mm con una escofina para madera.

2. Prepare las fijaciones. Con la ayuda de la platina, localice el lugar de las fijaciones e inserte las clavijas. Cree la salida de los cables eléctricos con un reguero en el techo.

3. Introduzca el conducto en la boquilla. Introduzca el conducto metálico a partir de la estructura a través del tejado, después introdúzcalo con fuerza dentro de la boquilla. Fíjelo con cinta adhesiva metálica.

4. Atornille y conecte. Atornille firmemente la platina después de haber introducido los cables eléctricos en el emplazamiento previsto. Coloque los extremos pelados en su sitio y atornille sin forzar.

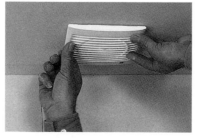

5. Coloque la tapa. Haga una prueba de funcionamiento rápida, por ejemplo, con una hoja de papel higiénico: si el extractor funciona bien, permanecerá en su sitio. Después, coloque la tapa de rejilla.

6. Ajuste el conducto en el tejado. Suba al tejado y ajuste el conducto fijándolo, si es necesario, con un poco de masilla o cinta adhesiva. Coloque el capuchón antilluvia suministrado con la teja de ventilación.

Mejorar el aislamiento

Materiales aislantes

Los edificios que cuentan con una buena ventilación térmica consumen menos energía y contribuyen indirectamente a la protección del medio ambiente, mediante una reducción de las emisiones de gases de efecto invernadero. Pero los aislantes no conservan solamente el calor, también pueden reducir las molestias sonoras o absorber la humedad presente en el aire. De ahí la gran variedad de productos que existen. La naturaleza y la calidad de los aislantes, su grosor y el método de colocación elegido son parámetros que determinan el nivel de confort.

Lanas minerales

Las lanas minerales, tanto si se trata de la lana de vidrio como de la lana de roca, garantizan, a la vez, una protección térmica y acústica, una característica interesante que no presentan todos los aislantes. Pueden proteger la casa desde el sótano hasta el desván. Prueba de ello es la gran variedad de presentaciones disponibles: paneles, colchones, rollos, conchas, lanas a granel y productos cosidos, todos adaptados a usos diferentes. La flexibilidad de la lana de vidrio permite compensar las irregularidades de la construcción. Tanto si va en rollos o en paneles, su grosor debe ser, como mínimo, de 6 a 10 cm para ser eficaz, e incluso de 20 cm en la estructura del tejado. Los paneles rígidos de lana de roca presentan una mayor estabilidad y una mayor resistencia. Incombustibles en caso de incendio, las lanas minerales pueden incluso colocarse cerca de una chimenea. En cambio, son vulnerables al vapor de agua, por lo que deben completarse con una protección de papel kraft o de aluminio orientada hacia el interior de la vivienda para protegerse del vapor.

Aislantes delgados reflectantes

Estos aislantes, que se venden en rollos, están formados por una o varias capas de hojas de aluminio intercaladas con espuma blanda, fieltro u otro elemento. Su grosor varía de algunos milímetros a algunos centímetros. Tienen la ventaja de no «comerse» el espacio habitable, pero su eficacia queda algo cuestionada. No obstante, es mejor colocar este tipo de aislante donde es difícil colocar 20 cm de lana mineral antes que no poner ningún tipo de aislante. En cambio, si se coloca mal, puede provocar puentes térmicos y provocar condensaciones.

Los paneles de lana mineral se insertan en la estructura metálica destinada a la fijación de las placas de yeso.

Un aislamiento acústico de las ventanas, en general, es sinónimo de aislamiento térmico.

Plásticos alveolares

Los plásticos alveolares incluyen el poliestireno expandido, el poliestireno extrudido y la espuma de poliuretano. El poliestireno expandido (PEE) suele preferirse por su flexibilidad, facilidad de colocación y precio. Existen productos de diferentes grosores que combinan el poliestireno con placas de yeso. Para una mayor eficacia térmica, elija un PEE T; para una mayor eficacia acústica, elija un PEE dB. En comparación, el poliestireno extrudido y la espuma de poliuretano ofrecen mejores resultados térmicos y resisten más a la compresión.

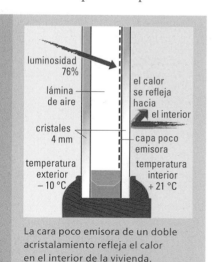

luminosidad 76%
lámina de aire
cristales 4 mm
temperatura exterior − 10 °C
el calor se refleja hacia el interior
capa poco emisora
temperatura interior + 21 °C

La cara poco emisora de un doble acristalamiento refleja el calor en el interior de la vivienda.

Los aislantes de las aberturas

PVC para la carpintería. Este material inalterable posee una muy buena calidad aislante. Las ventanas de PVC, resistentes a los efectos de la contaminación y a la acción del sol y de la lluvia, gozan de una gran aceptación. Este tipo de material, imputrescible, que no necesita ningún mantenimiento aparte de una limpieza periódica, está especialmente recomendado en las regiones expuestas a las inclemencias climáticas, como las zonas costeras. Además, los perfiles compartimentados quedan rígidos gracias a unos refuerzos de acero de grandes dimensiones para las ventanas.

Cristal para las vidrieras. En ocasiones, es posible sustituir unos simples cristales por un doble acristalamiento conservando la

Las losas de hormigón celular se cortan con sierra de mano y se montan con un mortero especial.

© SIPOREX-HEBEL

carpintería existente. Sin embargo, en caso de ventanas muy deterioradas, será mejor cambiarlas por unos bloques de ventanas, unos productos completos que incluyen la carpintería, el doble cristal y los cierres.

Los aislantes naturales

Aparte de las lanas minerales (lana de vidrio, lana de roca) y los plásticos alveolares (poliestireno, poliuretano), con los que se realiza el 90% de los aislamientos, existen otros aislantes como la lana de cáñamo, la lana de carnero, las plumas de pato o las fibras de madera. Todos estos productos se fabrican a partir de materia natural, reciclable o biodegradable, sin carácter nocivo.

Si debe construir un muro, también puede optar por materiales de obra aislantes y ecológicos, de barro cocido o de hormigón celular.

Ladrillo tipo «nido de abejas» o termoarcilla. Con este tipo de ladrillo, puede construir y aislar al mismo tiempo, sin utilizar materiales térmicos complementarios. El ladrillo con múltiples alvéolos garantiza por sí solo el aislamiento de la pared. El calor que migra de una cara a otra debe pasar por los compartimentos interiores, un auténtico laberinto que hace más lenta su progresión. Así, una pared expuesta al sol restituye durante la noche –con un intervalo de doce horas– el calor acumulado durante el día.

Hormigón celular. Es una composición (cemento, arena, cal, etc.) endurecida al calor de un autoclave. Estos elementos, comercializados en bloques, losas o paneles, se destinan a la construcción de muros, tabiques o techos de casas individuales.

© IMERYS STRUCTURE

Ladrillo «nido de abejas».

El doble acristalamiento palia el fenómeno de la condensación.

De aspecto blanquecino, el hormigón celular posee una estructura alveolar que le confiere unas cualidades aislantes. Al no ser inflamable, se recomienda para la construcción de tabiques cortafuego y para los revestimientos de las chimeneas. Su colocación no presenta dificultades: las losas y los bloques se manipulan fácilmente, se cortan con sierra de mano, se encajan y se pegan con un mortero especial. El hormigón celular es ligero (500 kg por m³), pero sólido y resistente.

Aislantes a base de cáñamo o de lino. El cáñamo es fácilmente renovable, no altera la naturaleza del suelo y crece en cantidades importantes sin necesitar mucho abono. La agramiza, obtenida mediante el desfibrado del cáñamo, ofrece un buen aislamiento térmico y acústico; es ignífuga, imputrescible e hidrófuga. Amarga e indigesta, no atrae a los roedores. Además, durante su transformación y su colocación, el cáñamo no representa ningún peligro para la salud y sus productos son reciclables. Los aislantes de cáñamo se comercializan en rollos, paneles o a granel. Se utilizan para aislar tejados, muros y suelos.

Los restos industriales de lino, una fibra natural resistente y ligera, se transforman en productos aislantes, y su rendimiento es similar al del cáñamo. El lino, un material higroscópico, tiene la capacidad de absorber la humedad y de restituirla en función de la temperatura y la higrometría ambientes. Los aislantes de lino se venden en forma de rollos de guata o de fieltro, de placas semirrígidas de diferentes anchuras y grosores o a granel. No provocan ninguna irritación en la piel.

Aislantes a base de fibras de madera. Las fibras de madera, transformadas en lana de madera, representan unos buenos aislantes térmicos y acústicos. Las fibras obtenidas de los residuos de las serrerías se humidifican al 98 %, se prensan y se secan para obtener productos con fibras tiernas o duras. La fabricación se realiza sin agente ignífugo, sin fungicida y sin pesticida. El lignito, propio de la madera, sirve como única argamasa. Estos aislantes, por lo tanto, son reciclables. Su estructura de montaje ranurado permite crear paneles semirrígidos válidos para el aislamiento entre cabríos y para el aislamiento interior o exterior de las paredes. También ayudan a proteger de los calores estivales.

Aislantes a base de corcho. El corcho proviene de la corteza renovable de los alcornoques, que se corta (se descasca) cada ocho o diez años. De estructura celular muy ligera, la corteza se cuece a altas temperaturas para que se dilate, y se aglomera con su propia resina. Los productos de corcho son imputrescibles,

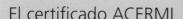

Los rollos blandos a base de plumas de pato son prácticos de utilizar para aislar la estructura del tejado.

El certificado ACERMI

Todos los aislantes de calidad disponen del certificado ACERMI. Los productos llevan una etiqueta informativa que precisa la resistencia térmica R, que depende del grosor del aislante y de su conductividad térmica (véase **recuadro p. 122**). También indica la clasificación que detalla los niveles de aptitud al uso. Estas características son:

I: incompresibilidad, puntuación de 1 a 5.

E: estabilidad dimensional, de 1 a 4.

A: comportamiento frente al agua, de 1 a 3.

L: límite de los rendimientos en tracción, de 1 a 3.

T: comportamiento ante las transferencias de vapor de agua, de 1 a 4.

En cada categoría, cuanto más alta es la puntuación, mejor es el aislante.

Un buen aislamiento térmico de su hogar le permitirá ahorrar energía y, en consecuencia, se reducirá considerablemente el importe de la factura del gas.

resistentes a la compresión, indeformables y difícilmente inflamables. A los roedores y termitas no les gusta. También es un buen aislante acústico. El corcho expandido se vende en forma de placas y de granulados. Sirve para rellenar capas ligeras.

Aislantes a base de celulosa. El papel de periódico puede reciclarse en fibras de celulosa aislantes, mezcladas con sal bórica para hacerlas ignífugas y resistentes a los insectos. Los productos aislantes se presentan en forma de copos a granel y de paneles semirrígidos. Los copos se vierten manualmente, soplados o proyectados con una máquina. Las fibras de celulosa también pueden comprimirse para formar granulados aislantes que se deben verter entre los travesaños o en el suelo. Para aislar las paredes, la celulosa puede inyectarse bajo presión para rellenar la cavidad de la pared mezclándose con los elementos de la estructura. También es un buen aislante acústico.

Aislantes a base de plumas de pato. Las plumas no solo almacenan una importante cantidad de aire, elemento que les confiere su poder aislante, sino que también regulan la humedad absorbiéndola cuando hay demasiada y restituyéndola progresivamente. El aislante está formado por un 70% de plumas de pato garantizadas (ausencia de sustancias no deseadas), un 10% de lana higienizada cuya ondulación aporta elasticidad, y un 20% de fibras textiles que garantizan la mezcla de la lana con la pluma después de calentarlas. Se vende en forma de rollos blandos para aislar las estructuras de los tejados y de paneles semirrígidos para aislar las paredes. Se corta fácilmente con la ayuda de unas tijeras o de un cúter.

Interior sano y aislado con materiales ecológicos fabricados a partir de materia reciclable o biodegradable.

Aislantes a base de lana de carnero. La pura lana virgen de cordero es aislante por naturaleza. Después de lavarla con jabón y cristales de sosa y tratarla más tarde con un producto antipolillas, puede utilizarse para fabricar rollos aislantes. Una vez colocada, la lana recupera la posición que tenía en el animal y lo que garantiza un aislamiento continuo. La lana de cordero respira y puede absorber la humedad hasta un 33% de su peso y restituirla sin que sus propiedades se vean alteradas. Los rollos de lana de carnero, fabricados de una forma determinada para eliminar los riesgos de asentamiento y de hundimiento, se cortan a mano y se grapan. Asimismo, es posible utilizar madejas de lana con el fin de calafatear y rellenar los marcos tanto de puertas como de ventanas.

Aislamiento de las paredes

Las paredes se pueden aislar térmica y acústicamente con diferentes paneles, simples o compuestos. La técnica de colocación depende, naturalmente, del tipo de aislante, pero también del estado de la superficie. La colocación con cola, la más fácil, está reservada para las paredes planas. En todos los casos, el soporte debe estar seco, porque los aislantes pierden todas sus cualidades cuando se impregnan de humedad. Por esta misma razón, la mayoría de paneles de fibras minerales están recubiertos con una protección para el vapor que, orientada hacia el calor y, por lo tanto, hacia dentro, evita los fenómenos de condensación. Esto, sin embargo, no evita tener que instalar un buen sistema de ventilación.

Las exigencias de la normativa térmica imponen que las resistencias al calor de los tejados, las paredes y los suelos se determinen conjuntamente (**véase recuadro p. 124**).

Aislamiento desde dentro

Las ventajas de un aislamiento desde dentro radican en la facilidad y la rapidez de realización, así como en un coste competitivo. Si los paneles compuestos seducen por su aspecto práctico (**véase la secuencia inferior**), los paneles simples permiten seleccionar el aislante más adecuado a sus necesidades.

Paneles simples. Los paneles más utilizados son los paneles rígidos, de poliestireno expandido o de espuma de poliuretano, y los paneles semirrígidos de fibras minerales con protección contra el vapor. Estos paneles pueden encolarse directamente encima de la pared, cuando está en buenas condiciones y es plana,

Doblar una pared con paneles aislantes

1. Reparta el mortero cola. Disponga unos montones de mortero cola de unos 10 cm de diámetro por todo el panel aislante, en diagonal y en el centro y espácielos de 35 a 40 cm. Para un panel estándar, cuente de 25 a 30 montoncitos.

2. Coloque el primer panel en su sitio. Coloque la base del panel encima de dos cuñas. Enderécelo y apóyelo contra la pared para aplastar los montones de mortero cola. Manténgalo en posición mediante un puntal improvisado mientras se seca la cola.

3. Prosiga la colocación. Presione el panel con una regla metálica grande y compruebe que está recto con un nivel de burbuja. Coloque el segundo panel al lado y controle de nuevo que toda la superficie quede regular.

o colocarse detrás de una estructura metálica (véase **p. 125**), o bien en unos listones previamente fijados a la pared. A continuación, se dobla montando un tabique con azulejos o ladrillos de yeso delante del aislante. Cuando existen riesgos de humedad, el aislante debe quedar separado de la pared para crear una lámina de aire.

En el mercado se venden unos kits de aislamiento, que incluyen lana de vidrio, estructuras metálicas, el paramento y los accesorios de fijación.

Paneles compuestos. Son paneles aislantes doblados con una placa de yeso. Debido al escaso grosor del paramento, presentan la ventaja de reducir muy poco la superficie interior de la estancia, mucho menos de lo que haría un contratabique. El aislante puede ser poliestireno, poliuretano o lana mineral. La colocación no presenta dificultades importantes. Los paneles se fijan simplemente en la pared con un mortero cola (véase también **p. 122**) y se pueden cortar en las dimensiones deseadas, es decir, la altura hasta el techo menos 1 cm. También pueden atornillarse sobre listones cuando la pared no está lo suficientemente seca ni es plana.

Paneles sandwich. Estos paneles llevan una capa de aislante insertada en un doble paramento. Más rígidos que los paneles compuestos, permiten aislar paredes muy expuestas o que presentan irregularidades importantes. Su colocación se efectúa mediante atornillado encima de listones, dejando una lámina de aire entre el panel y la pared.

El material aislante suele llevar una protección contra el vapor que se debe colocar hacia el interior de la estancia.

Algunos productos como la lana mineral negra, semirrígida, están destinados al aislamiento acústico.

Cuestión de grosor

La conductividad térmica es la capacidad de un cuerpo de transmitir el calor. Se expresa con la letra griega λ (coeficiente lambda). El cobre, buen conductor, tiene un λ de 390; el abeto, mal conductor, un λ de 0,12; el aire seco, muy mal conductor, un λ de 0,024.

La resistencia térmica, indicada con la letra R, indica el poder de un material de oponerse al paso del calor. Depende del grosor del material y de su coeficiente λ; a saber, R = grosor en metros dividido por λ.

Por ejemplo: 0,20 m de lana mineral, con un λ de 0,040, tiene una resistencia térmica de R = (0,20:0,04=) 5; 0,12 m de poliestireno extruido, con un λ de 0,030, tiene una resistencia térmica de R = (0,12:0,030=) 4.

Cuanto mayor es la cifra R, mejores son las cualidades aislantes del producto. Para ser eficaz, un aislante térmico debe ser necesariamente grueso.

Tabiques antirruido

Los diferentes paneles simples y compuestos pueden ofrecer un aislamiento térmico, acústico o ambos, sobre todo en el caso de la lana de vidrio. Tenga en cuenta que un aislamiento térmico no es siempre sinónimo de aislamiento acústico, mientras que al contrario, en general, sí suele serlo.

Eficacia acústica de los productos. Se considera que la reducción acústica, indicada en los productos, debe ser al menos de 40 dB (A) para reducir la propagación de los ruidos de una estancia a otra, y, por ejemplo, amortiguar el ruido de una conversación. Para aislar una pared medianera, debe ser como mínimo de 50 dB (A).

Hormigón celular o azulejos de yeso. Si monta un nuevo tabique, hay dos soluciones consideradas especialmente buenas. La primera consiste en utilizar bloques de hormigón celular, sin ningún otro aislante. La segunda consiste

En una pared abollada, un perfil metálico permite colocar detrás la lana mineral y fijar encima las placas de yeso.

en colocar una capa aislante entre dos paredes con azulejos o ladrillos de yeso, montados encima de una estructura metálica independiente. Esta técnica, además, facilita el paso los cables eléctricos. En ambos casos, para reducir al máximo la propagación de las ondas sonoras, es conveniente aislar también las paredes laterales.

Aislamiento por fuera

El aislamiento por fuera consiste en envolver la casa con un muro de abrigo protector. Es muy eficaz porque limita al máximo las rupturas de aislamiento. Reduce los intercambios térmicos entre el interior y el exterior y, por ello, también contribuye al confort de la vivienda entre estaciones y en verano.

Sin embargo, el aislamiento exterior no puede aplicarse en todas las fachadas, cuyo aspecto exterior queda generalmente modificado. Para realizarlo, se debe pedir obligatoriamente un permiso de reformas o de obras. Así, lo mejor es aprovechar un revoque o una reforma de la obra para realizar este tipo de trabajo.

Enlucido, revestido o revestimiento con tablas. Los muros abrigo están constituidos por aislante y un revestimiento exterior de protección. Cuando el aislante y el paramento se montan en fábrica, se trata de un revestido que puede clavarse directamente en la fachada. Cuando el aislante y el revestimiento van por separado, hay dos soluciones posibles:

▶ Aplicar un enlucido: en los paneles aislantes previamente pegados a la pared, puede aplicar un enlucido hidrófugo tradicional, de 10 a 30 mm de grosor, o un enlucido delgado, de 3 a 7 mm, encima de un enrejado.

▶ Colocar un revestimiento con tablas: el aislante pasa entre la fachada y una estructura, por ejemplo de PVC, fijada en la pared. Ésta puede soportar un paramento de barro cocido, de piedra o de madera. El aislante se coloca en la fachada, pero debe quedar separado del paramento por un espacio de unos 3 cm. Esta lámina de aire evita, entre otras cosas, la formación de puntos de condensación.

Cuidado con los empalmes

Sea cual sea el material elegido, la colocación de un aislante debe obedecer a ciertas reglas básicas. La primera es colocar la capa aislante en continuo, sin dejar intersticios ni entre los paneles, ni entre el techo y las paredes, ni entre el suelo y las paredes. Una vez colocados los paneles aislantes no dude, por ejemplo, en rellenar con espuma de poliuretano los pocos centímetros de pared que queden al descubierto, en la parte inferior. Con la misma finalidad, coloque cinta adhesiva en la junta entre dos paneles de fibras minerales. Este refuerzo de los empalmes garantizará la erradicación de los puentes térmicos, los puntos fríos que favorecen la condensación. En este mismo sentido, piense en calafatear puertas y ventanas.

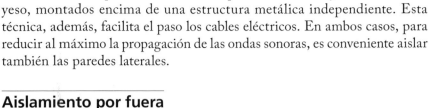

Clasificación RMVEAIR

Esta clasificación atribuye a los aislantes destinados a los muros exteriores unos niveles de calidad que van del 1 al 4. Tiene en cuenta las siguientes características:
R: facilidad de reparación;
M: facilidad de mantenimiento;
V: resistencia a los efectos del viento;
E: estanqueidad frente al agua de lluvia;
A: aguante frente a golpes;
I: incendio y comportamiento ante el fuego;
R: resistencia térmica.

© Y. Robic/BPB Placo

Aislar desde el tejado hasta el sótano

Aproximadamente el 30 % del calor se pierde por el tejado; de ahí la importancia de un aislamiento a nivel de la estructura del mismo. El método es distinto dependiendo de si el desván está o no destinado a convertirse en una estancia habitable. En cuanto a los suelos, es importante protegerlos del frío solo en la planta baja; los suelos intermedios solo requieren un aislamiento acústico, que se debe colocar debajo del revestimiento.

Aislar las estructuras habitables del tejado

El aislamiento del tejado por fuera solo puede plantearse si desea reformar el armazón o la cubierta, en cuyo caso deberá realizarlo un profesional. La mayoría de las veces, se aísla el armazón a partir de la estructura del tejado, en toda su cara interior. Esta protección es imprescindible si desea transformar el desván en una estancia habitable.

Adaptarse al clima. El grosor de la capa aislante varía según la zona en que se encuentre. Además, un espacio caldeado con electricidad necesita un aislamiento más eficaz que una casa equipada con calefacción central.

Métodos de colocación. Suelen diferir según el tipo de producto, pero todos respetan ciertos principios:

▶ se debe dejar una lámina de aire de al menos 3 cm entre el aislante y el tejado para evitar los sobrecalentamientos en verano;

▶ el aislamiento debe realizarse en continuo, sin olvidar el más mínimo centímetro;

▶ los aislantes de lana mineral deben llevar siempre una protección contra el vapor, orientada hacia el interior de la estructura del tejado;

▶ los aislantes de poliestireno deben estar recubiertos al final de placas de yeso, que desempeñarán el papel de cortafuegos.

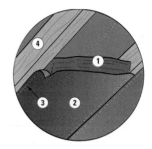

Colocación de lana de vidrio entre cabrios: 1. lana mineral; 2: protección contra el vapor (papel kraft); 3: grapado; 4: cabrio.

Diferentes puntos de aislamiento de una casa:
1. aislamiento de la estructura del tejado habitable;
2. aislamiento de la estructura del tejado perdida;
3. paredes con aberturas de cristal;
4. aislamiento de las paredes por dentro;
5. aislamiento de los suelos en una estancia sin calefacción;
6. aislamiento de las paredes por fuera.

Colocación de una única capa

Colocar una única capa de aislante es, evidentemente, la solución más simple. Implica el uso de los productos llamados «monocapa» de buen grosor. Algunos rollos de lana mineral con protección contra el vapor con lengüetas se adaptan bien a este uso. Basta con grapar las tiras en la cara interna de los cabrios, es decir, en las piezas de madera que van en el sentido de la pendiente (**véase croquis p. 126**). Prevea la colocación de una grapa, o de cualquier otro tipo de fijación, cada 5 cm, con el papel de protección mirando hacia usted.

Si opta por paneles de poliestireno o de poliuretano, deberá clavarlos o atornillarlos encima de los cabrios. También puede colocarlos entre estas vigas, después de haberlas cortado en las medidas adecuadas. Los paneles compuestos no necesitan una protección especial. Los paneles simples, en cambio, deben recubrirse con un paramento de yeso cortafuegos (**véase croquis p. 128**).

Elegir bien el aislante

Fíjese en la resistencia térmica (Rt), cifra indicada en el embalaje (**véase recuadro p. 124**). En función del clima de la zona donde resida, se recomendará una Rt determinada. La normativa térmica precisa que el aislamiento de una vivienda debe ser global, es decir, que un aislamiento menor de las paredes debe compensarse con una mayor eficacia del tejado, y viceversa.

Si utiliza lana mineral a granel en una atmósfera cerrada, protéjase la cara con una máscara y póngase guantes y ropa ancha con mangas bien cerradas. Esto evitará posibles irritaciones de la piel relacionadas con el polvo desprendido por el producto.

Colocación de dos capas

La colocación de dos capas de aislante implica, en general, instalar la primera entre los cabrios y fijar la segunda perpendicularmente. Para la primera capa, puede elegir un aislante de lana de roca, presentado, por ejemplo, en forma de paneles triangulares (**véase** secuencia). Para obtener con dos trozos un rectángulo cuya anchura corresponda al espacio entre los cabrios, vaya desplazando los dos triángulos y corte las puntas. Coloque los paneles fila a fila, de abajo hacia arriba, dejando una lámina de aire debajo del tejado. Cuando haya revestido todo el espacio entre los cabrios, podrá instalar las fijaciones para la segunda capa. Los sistemas disponibles varían mucho según los fabricantes. Algunos permiten encajar el aislante entre raíles metálicos, otros ensartarlo en unos vástagos fijados en los cabrios... La segunda capa, con papel de protección contra el vapor, suele colocarse perpendicularmente. La colocación de una estructura metálica permite, a continuación, atornillar en todo el conjunto un paramento de yeso.

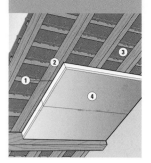

Colocación de paneles aislantes clásicos en la cara interna del tejado:
1. paneles de poliestireno o de poliuretano;
2. cabrio;
3. lámina de aire (entre los cabrios, debajo de los paneles);
4. placa de yeso de cartón.

Colocación de paneles de lana de roca triangulares

© ROCKWOOL

1. Recorte los paneles según el trazado que haya definido previamente. Trabaje con guantes porque la lana de roca es un material que puede irritar la piel.

2. Coloque el primer panel. Coloque la punta hacia arriba, antes de introducir el segundo panel.

3. Comprima los paneles. Para que se sitúen correctamente, comprímalos con una tablilla.

4. Recorte los bordes. Corte el material con un cuchillo dentado mejor que con una sierra.

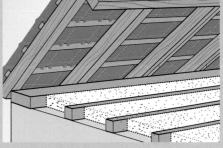

1. Recubrimiento de las viguetas en las estructuras del tejado perdidas con rollos de lana mineral.

2. Colocación de aislante entre las viguetas a la espera de colocar el suelo.

Aislar las estructuras del tejado perdidas

Si no tiene ninguna intención o ninguna posibilidad de transformar la estructura del tejado en espacio habitable, aísle el suelo y no el armazón. La barrera térmica y acústica aislará mejor los espacios habituales. Existen diferentes opciones para hacerlo.

En presencia de viguetas visibles. Si la estructura no tiene techo, sino viguetas visibles, puede colocar el aislante entre las viguetas o simplemente desenrollarlo encima, perpendicularmente, cubriendo toda la superficie (**véase croquis 1**). La primera solución le permitirá, si lo desea, revestir después el suelo con parquet o con placas de yeso, en cuyo caso la capa de aislante no debería sobrepasar las viguetas.

Con una altura reducida. Es posible que la estructura del tejado tenga un acceso difícil o que, debido a la escasa altura, no sea posible trabajar en buenas condiciones. En este caso, puede colocar simplemente un aislante a granel, por ejemplo vermiculita, en el suelo o entre las viguetas, y aplanarlo con la ayuda de una rasqueta o una plancha (**véase croquis 2**). También se puede añadir lana de vidrio a granel con un aparato especial dejando algunos pasos de aire.

Cuando hay un suelo. Se trata del caso más fácil. Si la estructura del tejado tiene un suelo de madera, basta con instalar en esta superficie plana una o dos capas de aislante. Si ha optado por rollos de fibras minerales, coloque una primera capa equipada con un papel protector que debe colocar contra el suelo. Después, instale la segunda capa, sin protector para el vapor, perpendicularmente a la primera. Si ha optado por paneles de poliestireno o poliuretano, sepárelos del edificio con un paramento cortafuegos y dispóngalos, con las juntas muy apretadas, en el suelo.

Aislar una azotea

La reparación de las azoteas suele ser un buen momento para colocar o mejorar un aislamiento. Si bien el trabajo realizado en el exterior queda reservado a los profesionales, la colocación de un aislante en el interior está al alcance de todo buen manitas. Cuando la altura bajo techo lo permita, el aislante se puede integrar dentro de un falso techo. La cara que lleva el papel protector debe estar girada hacia la habitación. Para garantizar una protección correcta, el grosor del falso techo y del aislante debe ser de 7 a 10 cm, como mínimo.

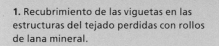

No olvide llevar a cabo previamente un tratamiento contra los parásitos. Antes de instalar un aislamiento en la estructura del tejado, sobre todo, prevea un tratamiento contra los ataques de los insectos xilófagos. Los algavaros, las carcomas, los líctidos y las termitas son enemigos temibles de la madera en la construcción. Ponen sus huevos en la madera y sus larvas, para alimentarse, excavan galerías. Las partes contaminadas pierden resistencia, lo cual pone en peligro la solidez de las estructuras. Los hongos lignívoros, como el merulio, no son menos temibles.

De forma general, la limpieza, la lucha contra las humedades y una ventilación regular son acciones preventivas menos costosas que un tratamiento adecuado. Pero ante la menor sospecha, reaccione rápidamente: la infestación por algunos parásitos prácticamente invisibles puede convertirse rápidamente en una pesadilla.

Aislamiento del suelo de la planta baja

Las plantas bajas mal aisladas, independientemente de que estén en sótanos, garajes o parkings, pueden provocar pérdidas de calor. El aislamiento puede realizarse en dos zonas, a su elección: en el propio suelo de la planta baja o por debajo, protegiendo el techo del sótano. Una tercera solución consiste en aislar la cámara sanitaria, en su parte superior o a nivel de los muros exteriores enterrados. De todas maneras, debe ser realizada por un profesional.

Por el suelo de la planta baja. Para aislar el suelo de la planta baja, un sistema eficaz consiste en colocar paneles de fibras minerales o de material plástico alveolar antes de colocar el nuevo revestimiento. En caso de renovación de un suelo macizo, el material de aislamiento se coloca entre las viguetas antes de clavar las tablas.

Finalmente, si se debe rehacer todo el suelo, es el momento de realizar una «capa flotante», ya que es mejor que una losa de material de aislamiento acústico y térmico. La capa puede estar compuesta por una unión de varios granulados de hormigón celular y de yeso o ligada en el hormigón. Se le llama «flotante» porque queda separada de las paredes y del suelo. En este caso, la capa de aislante se coloca en toda la superficie y sube unos centímetros alrededor de la estancia.

Baldosas bien aisladas. Si sustituye por unas baldosas un revestimiento de suelo blando, como moqueta, vinilo o corcho, debe respetar las normativas acústicas. Es conveniente colocar las baldosas encima de un material resiliente para ate-

Aislar para luchar contra las molestias sonoras

El aislamiento acústico puede obtenerse con un grosor importante o con un fenómeno de masa-muelle-masa, es decir, pared + aislante blando + pared. Las lanas minerales se adaptan bien, porque su estructura fibrosa ofrece cierta estabilidad. También existen aislantes termoacústicos.

Durante la realización de un suelo de hormigón, las capas flotantes son mejores, a nivel acústico y térmico, que una losa. A la capa de hormigón, vertida encima de un aislante, se le llama flotante porque está separada de los muros mediante una tira aislante, colocada verticalmente en los bordes. Así, la capa queda aislada del frío y de los ruidos transmitidos por las paredes.

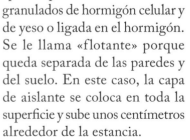

baldosas delgadas
tira de espuma
mortero cola blando
placa de fieltro embreado (50 x 50 cm)

Para reducir los ruidos de los golpes, coloque las baldosas encima de un material aislante. Las juntas de las placas aislantes no deben coincidir con las de las baldosas (sistema Soukaro).

Refuerce el aislamiento de la estructura del tejado si transforma este lugar en espacio habitable.

nuar la transmisión de los ruidos de impacto (golpes, ruido de pasos, etc.). Esta obligación ha llevado a los fabricantes a proponer sistemas de aislamiento de escaso grosor, con el objetivo de no crear un grosor excesivo en la entrada de las estancias. Algunos sistemas delgados no superan los 25 mm de grosor (incluidas las baldosas), y siguen estando conformes con la normativa. Se venden en kit e incluyen un material resiliente, mortero cola, tiras de espuma de plástico, etc. y vienen embalados para cubrir una superficie de 15, 30 o 60 m².

Por el techo del sótano. Puede colocar placas de aislantes rígidas o semirrígidas en el techo del sótano. Tanto si se trata de paneles de fibras minerales o de paneles compuestos de poliestireno, deben instalarse con un paramento de aglomerado que los protegerá de los posibles ataques de los roedores. Los paneles pueden atornillarse, encolarse o clavarse. También puede inyectar, con un aparato adecuado, el aislante a granel, así como una argamasa destinada a fijarlo. Cuando el aislante sea lo bastante grueso, protéjalo cubriéndolo con una nueva capa de argamasa. Opte por esta solución sobre todo cuando el techo presente importantes irregularidades o soporte cables y canalizaciones. Este método está reservado a los manitas reconocidos.

Aislamiento y canalizaciones

Las canalizaciones solo necesitan aislamiento cuando atraviesan una pieza exterior a la propia vivienda y que no necesita calefacción, como, por ejemplo, el local donde se encuentra la caldera. Para las pequeñas tuberías, puede utilizar unas fundas de espuma ranuradas y, para las mayores, semiconchas de espuma aislante, recubiertas después de papel de aluminio.

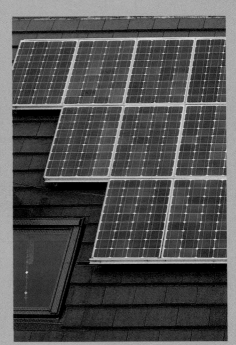

Calefacción

Las diferentes energías

Elegir una fuente de energía

Caldear una vivienda consiste en compensar las pérdidas de calor naturales, ya que las corrientes de aire caliente siempre se ven atraídas por una temperatura más fría. Pero todos los sistemas no procuran el mismo nivel de confort. Gozar de una temperatura constante, tanto en verano como en invierno, supone tener unas instalaciones a veces sofisticadas que también funcionan con climatización. Algunas energías, como el carbón, no permiten este nivel de calidad. Dejando de lado estas consideraciones, la decisión debe tomarse en función de varios parámetros: la región en la que vivimos, el tipo de vivienda, el nivel de equipamiento inicial o la calidad del aislamiento... Es importante saber, sin embargo, que se pueden combinar diferentes energías, y que todas permiten alimentar aparatos individuales o adicionales o bien alimentar una calefacción central con circulación de agua caliente con caldera o con una chimenea moderna de hogar cerrado, que redirigirá el calor hacia varios radiadores.

Regulación e inercia

Poder regular la temperatura en función de las necesidades, a cada momento y en cada estancia, aporta no solo un confort nada despreciable, sino que también permite obtener sustanciales ahorros de energía. No todos los sistemas de calefacción ofrecen las mismas posibilidades en este campo. Los aparatos que funcionan con madera o con carbón solo permiten una intervención limitada, a diferencia de los que funcionan con gas, electricidad o fuel-oil. A la inversa, puede tener una mejor inercia una estufa de hierro colado, por ejemplo, ya que conserva y difunde el calor varias horas después de haberla dejado de alimentar con energía, lo cual también puede conllevar ciertas ventajas.

Algunos criterios para elegir

El lugar de residencia. La elección de una u otra energía suele estar determinada por el lugar de residencia y el tipo de vivienda. Así, algunas energías renovables no son accesibles para los particulares que viven en edificios urbanos. En las zonas rurales, el gas natural suele no estar disponible, por no poder tener conexión con la red. En la ciudad, en cambio, por cuestiones de superficie disponible, en general solo hay gas natural y electricidad, aunque algunas grandes ciudades también tienen una red de calefacción urbana.

Aspectos prácticos. El segundo criterio de elección es más cuestión de comodidad personal (véase tabla p. 137). ¿Acepta realizar las acciones diarias que implica una calefacción de leña o de carbón? ¿Le molestan las emanaciones del fuel-oil? ¿Quiere controlar grado a grado la temperatura de su piso, cosa que no permiten hacer todas las energías (véase recuadro)?

El coste. A estas consideraciones cabe añadir, evidentemente, la delicada cuestión económica. Hay que saber que si bien los precios varían mucho de una energía a otra, no todas estas energías tienen el mismo poder calorífico. Antes de decidirse, no dude en pedir a los diferentes distribuidores cuántos litros de fuel-oil, de metros cúbicos de gas o de kilovatios de electricidad son necesarios para calentar una superficie determinada durante los meses de invierno. En cuanto a la inversión que exige una o otra instalación, también se debe tener en cuenta en función de cuánta energía permitan ahorrar.

La chimenea se utiliza, sobre todo, como calefacción de apoyo.

El carbón y la madera

La madera y el carbón son combustibles llamados fósiles. Ambos necesitan almacenarse en un espacio seco (especialmente importante para la madera, que representa un volumen considerable) y requieren un mantenimiento diario de la estufa o la chimenea que alimenten. Todas estas condiciones representan demasiados inconvenientes para caldear los pisos de las ciudades, y hacen que estos combustibles sean más adecuados para las casas de las zonas rurales, donde también se emplean en algunas calderas. Además, estos dos combustibles no permiten regular con precisión la temperatura.

Aunque presente un poder calorífico superior a la madera, el carbón se utiliza cada vez menos, porque su suciedad y peso hacen que manipularlo sea desagradable. La madera, mucho más «limpia», sigue seduciendo igual, pero es mejor utilizarla en las regiones en las que el suministro no suponga ningún problema (transporte y coste).

 Un depósito destinado al almacenaje de fuel-oil no puede dejarse simplemente abandonado si decide cambiar de sistema de calefacción. Debe ser desmontado por un profesional y, en caso de imposibilidad, vaciado y rellenado con materiales inertes como arena u hormigón magro.

El fuel-oil y el gas licuado

La calefacción con fuel-oil doméstico o con gas de petróleo licuado butano y propano también requiere un lugar de almacenaje: una cisterna al aire libre (hasta una capacidad de 1 000 litros) o enterrada, o incluso colocada en un sótano o un local técnico que respete algunas normas de seguridad. Se considera que, de media, 2 000 litros de fuel-oil garantizan el caldeamiento anual de una casa de 100 m². En comparación con el fuel-oil, el butano o el propano presentan una ventaja nada desdeñable: la total ausencia de olor.

Una vez realizada la instalación, el mantenimiento de la misma se limita a un deshollinado anual de los conductos de evacuación, y el mantenimiento de la cuba solo requiere un control decenal.

Radiadores móviles complementarios. Además, existen radiadores de butano, que contienen en su interior su propia fuente de combustible. Constituyen una buena calefacción de apoyo, funcionan por catálisis, sin llama, y no requieren conducto de evacuación. Compiten fácilmente con las estufas eléctricas. Sin embargo, la ventilación de la estancia no puede ser deficiente, ya que muchas intoxicaciones debidas al monóxido de carbono son imputables a los aparatos móviles (**véase** recuadro).

El gas natural

La calefacción con gas natural es válida para cualquier tipo de vivienda. Para poder usarlo, basta con poder conectarse a la red de suministro, lo cual no es ningún problema en la ciudad, pero puede ser difícil en el campo, ya que las zonas rurales suelen estar mal equipadas.

Aunque existen radiadores de gas individuales, esta energía suele utilizarse para alimentar los sistemas de calefacción central con circulación de agua caliente. Si su instalación es antigua, quizás baste con cambiar la caldera para que todo el sistema funcione mejor. Si no es el caso, la instalación resultará más cara, pero los costes de funcionamiento posteriores serán mucho menores que los de una calefacción totalmente eléctrica. Además, las calderas destinadas a calefacción pueden suministrar también agua caliente sanitaria; en este caso, se llaman «de doble servicio». Como para cualquier combustible, hay que prever un conducto de evacuación para los gases quemados, así como rejillas de ventilación en la estancia.

© ANTARGAZ

Cisterna para almacenar gas butano o propano.

Detectar el monóxido de carbono

Todos los aparatos de combustión, tanto si se alimentan con fuel-oil, como con gas o carbón, producen emisiones gaseosas, cuyo elemento más nocivo es el monóxido de carbono, totalmente inodoro. Por encima de cierto porcentaje en el aire, puede matar. Para una seguridad óptima, puede equiparse con un detector adaptado (Proxitherm). Una alerta sonora le avisará en caso de peligro. La llamada a un profesional debería permitir resolver el problema.

La electricidad

La electricidad se considera la más limpia de todas las energías. No produce ninguna emisión, no exige lugar de almacenaje ni conducto de evacuación, y está disponible incluso en los pueblos más aislados. Aparte del propio coste de esta energía, el único inconveniente de los radiadores eléctricos es que secan el ambiente más que otros sistemas de calefacción, lo cual se puede compensar con un humidificador de aire colocado, por ejemplo, en las habitaciones de los niños. Para tener buenas prestaciones, la calefacción eléctrica implica que la vivienda esté bien aislada y bien ventilada. También se aconseja tener un aparato de apoyo que se alimente con otra energía y que se pueda utilizar en caso de cortes de electricidad.

Estufa de fuel-oil. El fuel se incorpora al aparato, a través de un depósito de unos diez litros.

© SUPRA

VENTAJAS E INCONVENIENTES DE LAS DIFERENTES FUENTES DE ENERGÍA			
Energía	Lugar de almacenamiento	Mantenimiento de los aparatos	Posibilidad de regular la temperatura
Madera	Bajo cubierto	Cotidiano y anual	Difícil
Carbón	Bajo cubierto	Cotidiano y anual	Difícil
Fuel-oil	En cisterna	Limpieza bianual	Buena
Butano y propano	En cisterna	Limpieza anual	Buena
Gas natural	Ninguno	Limpieza anual	Buena
Electricidad	Ninguno	Ninguno	Buena

Pensar en las energías renovables

Hay tres buenas razones que incitan a reducir los gastos: el importante aumento del precio de las energías, el final anunciado de las reservas mundiales de petróleo (dentro de unos cuarenta años) y la necesidad absoluta de limitar las emisiones de gases de efecto invernadero para luchar contra el calentamiento climático. La vivienda es un gran consumidor de energía y, por consiguiente, un gran emisor de gases de efecto invernadero. Consumir menos energía significa quemar menos combustible y, por lo tanto, emitir necesariamente menos contaminantes, calentándonos mejor.

El Plan de Energías Renovables 2005-2010 estatal persigue que el 12 % de la energía consumida en España en el año 2010 provenga de este tipo de fuentes. Para fomentar el uso de sistemas basados en estas fuentes de energía alternativa se han establecido subvenciones, ventajas fiscales y se han desarrollado nuevas normativas en función del área energética.

En marzo de 2006, el Consejo de Ministros aprobó el nuevo Código Técnico de la Edificación (CTE), un marco normativo que establece las exigencias básicas de calidad, seguridad y habitabilidad de los edificios para que el sector de la construcción se adapte a la estrategia de sostenibilidad económica, energética y medioambiental. El Documento Básico de ahorro de energía tiene como objetivo conseguir un uso racional de la energía necesaria para la utilización de los edificios, reduciendo su consumo energético y utilizando para ello fuentes de energía renovable. La normativa establece la obligación de incorporar criterios de eficiencia energética y el uso de energía solar, térmica o fotovoltaica en los nuevos edificios o en los de reforma completa.

Este documento contiene cuatro exigencias energéticas básicas:

▶ Limitación de la demanda energética, donde se establecen los valores límite para los cerramientos de los edificios (fachadas, vidrios, cubiertas, etc.).

▶ Eficiencia energética de las instalaciones de iluminación.

▶ Exigencia relativa a la contribución solar mínima de agua caliente sanitaria, que obliga a que la producción de agua caliente sanitaria se realice con un aporte obligatorio de energía solar térmica que variará entre un 30 % y un 70 % en función del volumen diario previsto de agua caliente demandado.

▶ La contribución fotovoltaica mínima de energía eléctrica en función de una determinada superficie.

Según estimaciones del Instituto para la Diversificación y Ahorro de la Energía (IDAE), la implantación de las exigencias energéticas introducidas en el nuevo CTE supondrá, para cada edificio, un ahorro de un 30-40 % y una reducción de emisiones de CO_2 por consumo de energía de un 40-55 %.

Bombear el calor

Las bombas de calor extraen cerca de dos tercios de las calorías del aire, del agua o del suelo, lo cual ofrece una calefacción barata, hasta el punto de que 1 kW eléctrico consumido por una bomba de calor facilita 3 o 4 kW de calorías, mientras que con un convector 1 kW consumido aporta 1 kW. En ocasiones, se necesita un complemento de calefacción por debajo de los 2 ºC (según los modelos), que se puede aportar con una resistencia eléctrica integrada en la bomba de calor. Las bombas de calor reversibles también pueden suministrar aire fresco en verano.

Extraer las calorías del aire o del agua

La ventaja de una bomba de calor que extrae las calorías del aire es la disponibilidad permanente y gratuita del aire exterior. La bomba de calor puede colocarse en el tejado, detrás de un seto, en un balcón, etc. La distribución del aire calentado (o refrescado) se realiza mediante vainas y bocas de salida del aire o a veces por plenum (falso techo).

Las bombas de calor también

energía motriz eléctrica: 30 %

energía gratuita del suelo: 70 %

energía restituida: 100 %

distensión   compresión

evaporación   condensación

Las bombas de calor están constituidas por un evaporador (que transforma el fluido en gas con absorción de calor) y un condensador (que hace pasar el gas de nuevo a estado líquido después de haber liberado el calor). Entre ambos, el compresor hace circular el fluido.

pueden recuperar las calorías presentes en el aire y transferir el calor a una instalación de agua caliente que alimente un suelo radiante, radiadores o ventiloconvectores.

También existen, aunque son menos frecuentes, bombas de calor que captan la energía de un punto de agua subterráneo (capa freática, lago, río).

Captar la energía del suelo

Una bomba de calor geotérmica recupera la energía almacenada en el suelo del jardín. Las calorías acumuladas proceden del sol, de la lluvia y del viento; permanecen allí aunque haga frío fuera. Esta energía, que requiere una inversión importante, resulta económica a largo plazo, porque después solo consume energía para la bomba.

Obtención de las calorías. Los sensores, unos tubos en los que circula un agua glicolada para evitar que se hiele o un fluido frigorígeno, se entierran horizontalmente (entre 60 cm y 1,20 m) o verticalmente (a mucha profundidad). Se calientan con el contacto con la tierra y transmiten su energía a la bomba de calor (**véase esquema**). Esta está constituida por dos intercambiadores. El evaporador transforma el fluido, que ha recuperado la energía del suelo, en gas con absorción del calor. El condensador hace pasar el gas nuevamente a estado líquido, por condensación, después de haber liberado el calor. Entre ambos intercambiadores, el compresor juega el papel de bomba para garantizar la circulación del fluido. Este sistema de calefacción puede realizar la difusión a través de suelo radiante, de radiadores o de ventiloconvectores.

Colocación de los sensores. Si tiene un jardín grande, opte por los sensores horizontales, que requieren una inversión más económica. Deben poder desplegarse sobre una superficie de terreno de dos a tres veces superior a la superficie que debe calentar. Es mejor evitar plantar árboles de

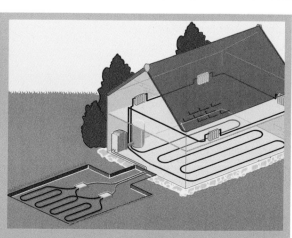

Los sensores enterrados en el suelo del jardín recuperan las calorías acumuladas en el mismo.

raíces profundas en ese lugar, aunque el césped, las flores y los arbustos no representan ningún problema. La terraza, piscina o garaje también deben construirse en otra parte, porque se debe favorecer que las aguas fluyan y, por consiguiente, que las calorías penetren. Puede pensar en hacer un camino, siempre y cuando sea permeable. En cambio, los sensores verticales solo requieren 1 m² de tierra, pero precisan una perforación muy profunda y bastante costosa.

Un pequeño molino de viento puede proporcionarle una parte de la electricidad. Es necesario pedir una autorización.

Producir electricidad

Gracias al viento

Es una energía de apoyo suministrada por generadores de hélices que captan el viento en las regiones en que éste sopla mucho (media anual de 17 a 20 km/h). Infórmese en su centro de meteorología local. Un molino de viento de, aproximadamente, 1,5 kW puede suministrar de 3 a 5 kW por día de electricidad en corriente alterna. No debe instalarse cerca de la casa (a partir de 50 m) o de árboles, siendo el sitio ideal la parte alta de una colina. Consulte a un fabricante reconocido que pueda ofrecerle garantías de rendimiento y los niveles de ruido. Compruebe que las normas municipales no pongan obstáculos a la instalación de un molino de viento, aunque sea individual. Sobre todo, intente convencer a sus vecinos de los beneficios de un molino de viento común de unos 100 kW explotado en cooperativa, como se practica en Dinamarca.

La casa del futuro

En la casa del futuro, cuyos primeros prototipos aparecen ya en el mercado, la noción de calefacción será sustituida por la noción de «confort en las cuatro estaciones». Gracias a los avances de la domótica (conjunto de técnicas orientadas a integrar en la vivienda todos los automatismos en materia de gestión de la energía, seguridad, comunicación, etc.), un ordenador central mantiene la temperatura deseada tanto en verano como en invierno, garantiza una perfecta calidad del aire, indica las anomalías y muestra el consumo de energía.

Gracias al sol

La energía solar también permite producir electricidad. La energía solar fotovoltaica consiste en transformar la luz del sol en electricidad, mientras que la energía solar térmica absorbe los rayos solares y los transforma en calor.

Sensores solares fotovoltaicos. Todavía son poco utilizados por los particulares, pero tienen un futuro muy prometedor, sobre todo en los lugares aislados, pero también en los hogares de las personas que quieran producir su propia electricidad. Los módulos fotovoltaicos empiezan a utilizarse como elementos arquitectónicos y a ser integrados desde el diseño de la casa. Se calcula que 10 m² de paneles ofrecen una potencia-cresta de 1 kilovatio.

Así, los paneles solares compuestos por células fotovoltaicas transforman la luz del sol en electricidad, la cual puede almacenarse en baterías y utilizarse para la casa, después de haberla transformado en corriente alterna (220 voltios) mediante un ondulador, o bien puede venderse a la red eléctrica.

Las placas fotovoltaicas pueden alimentar la iluminación, los electrodomésticos y los aparatos audiovisuales.

El calentador de agua solar suele tener los elementos separados. El termo se instala dentro de la casa.

Existen unos kits con tejas fotovoltaicas que tienen la misma forma, dimensiones y encajes que las otras tejas. Lo mejor es orientar los paneles fotovoltaicos hacia el sur y con una inclinación de 30°, pero también pueden colocarse en una terraza o en la fachada.

Pronto, la pila de combustible

Esta técnica permite producir a la vez electricidad y calor con un excelente rendimiento y un ecaso impacto en el medio ambiente. La conversión directa de la energía química del combustible en energía eléctrica constituye el núcleo del proceso. Así, la pila podrá fabricar directamente electricidad en la casa, y el calor desprendido alimentará la calefacción.

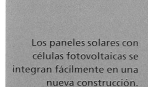

Los paneles solares con células fotovoltaicas se integran fácilmente en una nueva construcción.

Optimizar el sistema de calefacción

Calefacción de leña

La instalación de una chimenea con hogar cerrado, una inserción o incluso una estufa de leña debe realizarse según unas normas muy estrictas para evitar cualquier riesgo de incendio o de intoxicación por el humo. Por lo tanto, es mejor confiarla a un profesional. Todas las chimeneas funcionan siguiendo el mismo principio: los gases calientes de combustión ascienden, atraídos por el aire frío; debido a la diferencia de presión, llamada «tiro», el aire comburente (que permite la combustión) es aspirado y los gases desprendidos por la combustión se evacuan hacia el exterior. Cuanto más calientes estén estos gases con respecto a la temperatura exterior, más importante será el tiro. Durante la instalación, se deben tomar algunas precauciones que permitan que la chimenea desempeñe esta función con total seguridad. El conducto debe ser lo más largo posible y seguir preferiblemente una línea recta; debe soportar temperaturas muy elevadas y conservar el calor de los gases de combustión. Las paredes deben ser resistentes a la corrosión y ser totalmente estancas; la circulación del aire dentro de la estancia debe estudiarse detenidamente.

Chimenea abierta

La chimenea tradicional con hogar abierto, sobre todo utilizada como complemento, es más un objeto de decoración que un modo de calefacción eficaz. Exige un mantenimiento diario y no permite ninguna regulación de la temperatura. Sus dimensiones deben tener en cuenta tanto el tamaño de la estancia como las entradas de aire. Además, el sistema de ventilación mecánica puede interferir en el tiro de la chimenea, creando una depresión; en este caso,

La chimenea da un calor particular al salón de una vivienda antigua modernizada.

Un hogar cerrado en una chimenea se convierte en un elemento tanto de decoración como de confort.

© Richard Le Droff

el hogar podría rechazar el aire frío, lo cual se traduciría en la presencia de humo en la estancia.

Recuperadores de calor con aire. Estos aparatos, que cubren el suelo y el fondo del hogar, tienen un aspecto discreto y aumentan la eficacia de tiro de las chimeneas de hogar abierto. Sin embargo, es necesario que el conducto y el revestimiento de la chimenea puedan soportar esta sobrecarga calorífica. Con este sistema, el aire ambiente pasa por el recuperador y se calienta circulando debajo del fuego y detrás de las llamas, antes de ser restituido a la estancia a través de las rejillas colocadas en los laterales de la chimenea.

La inserción y el hogar cerrado

Inserciones y hogares cerrados permiten regular mejor la temperatura que un hogar abierto, porque el nivel de entrada del aire se puede modular manualmente.

Inserción. Este bloque está formado por un hogar cerrado en una caja metálica. El aire entra por unas aberturas regulables, circula entre las paredes del hogar y las de la caja y vuelve a salir calentado por las rejillas. De aparente simplicidad en cuanto a su colocación, mejora el rendimiento del hogar abierto ya existente. Pero su instalación exige respetar unas normas específicas, como el buen funcionamiento del conducto de evacuación y la distancia del fuego con las paredes de obra de la chimenea, que debe ser de 16 cm, como mínimo.

Hogar cerrado. Cuando no existe ningún hogar previo, el cuerpo de la chimenea se construye alrededor de este aparato, de mejor rendimiento. Como en el caso de la inserción, el aire fresco de la estancia se calienta en las paredes del hogar y se restituye a través de las rejillas (**véase croquis 2**). Conectada a un sistema de canalizaciones, la instalación también puede distribuir el aire caliente a otras habitaciones. Además, puede recibir las tuberías que alimentan los radiadores con agua caliente.

Encender el fuego

Para encender el fuego, necesitará papel (un periódico, por ejemplo, pero sin páginas a color ni brillantes), trocitos de madera y troncos partidos de todas las dimensiones. Primero, coloque el papel. Después, disponga los trocitos de madera en los que se apoyarán los troncos. Deje espacios entre los troncos para que el aire circule bien; de lo contrario, el fuego podría apagarse. Finalmente, encienda el papel por diferentes puntos, empezando por el fondo.

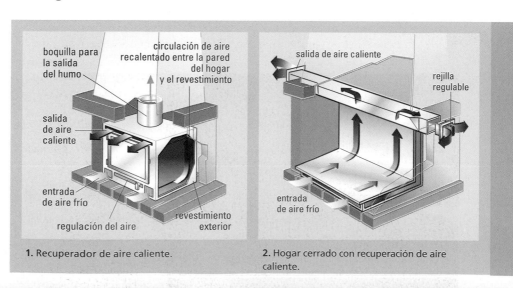

1. Recuperador de aire caliente.

2. Hogar cerrado con recuperación de aire caliente.

Limpiar el cristal de una inserción. La puerta de las inserciones está compuesta por un material cerámico transparente que puede resistir temperaturas muy elevadas y pequeños golpes. Debe limpiarse cuando la inserción esté fría, cada una o dos semanas como promedio. Para quitar el polvo de cenizas o las manchas marrón claro, bastará un simple trapo o papel húmedo. Para las manchas más oscuras y tenaces, puede utilizar un producto de limpieza especial.

 Todas las juntas y productos de estanqueidad deben comprobarse cuando realice la limpieza a fondo en primavera y, por seguridad, una segunda vez en invierno. Las juntas defectuosas reducen la eficacia del aparato. No olvide sustituir la junta de estanqueidad del cristal de la puerta si está demasiado gastada.

Estufas de leña

Muchas de las características de las estufas de leña tienen más que ver con la estética y el gusto personal que con su rendimiento. No existe ninguna diferencia clara entre los aparatos de hierro colado y los modelos con placas de acero, los revestimientos pintados y los revestimientos esmaltados y las puertas de cristal y las puertas macizas. Los dos criterios básicos de elección son la capacidad del aparato y la forma de calentar: por radiación o por convección. Un aparato radiante sobredimensionado puede provocar un calor asfixiante en una estancia pequeña. En general, un aparato de convección garantizará una mejor distribución del aire caliente si se colocan rejillas en la parte superior de las puertas.

Deshollinado y mantenimiento

Según el período del año, los aparatos de leña están sometidos a unas limitaciones diferentes. En otoño y primavera, la combustión más lenta favorece la formación de depósitos en el conducto y la chimenea. En cambio, durante los meses más fríos, todo el conjunto funciona a su capacidad térmica máxima, lo cual genera algunas dificultades en los elementos que componen el interior de la chimenea (paredes, conducto, etc.). La forma más segura de conocer el estado de una chimenea y de limpiarla es recurrir a un deshollinador.

Depósitos de hollín. Los depósitos de hollín, que obstaculizan el tiro, pueden provocar unos incendios devastadores en las chimeneas. Limpie la chimenea y el conducto cuando los depósitos alcancen un grosor superior a 4 mm. Las instalaciones antiguas requieren una vigilancia y un mantenimiento más regulares. La mayoría de los aparatos recientes, sin embargo, solo necesitan dos deshollinados anuales, en primavera y en invierno.

© SUPRA

Estufa de leña cuyas formas geométricas ofrecen una amplia visión del fuego, dotada de una gran potencia calorífica.

Caldera de leña

La caldera de leña individual puede almacenar un gran volumen de carga (troncos, madera desmenuzada, granulados), que le permite una autonomía de más de 10 horas. La regulación de su funcionamiento se obtiene por la variación de admisión de aire necesario para la combustión.

Las calderas modernas requieren retirar con menos frecuencia las cenizas; además, queman el alquitrán, lo cual reduce el hollín y la suciedad.

Estado de la chimenea. Compruebe regularmente el estado de la chimenea y del conducto para detectar cualquier signo de deterioro. En las chimeneas de metal, busque rastros de la corrosión, manchas de óxido y bultos en las paredes externas. En el caso de las chimeneas de obra, busque manchas negras o blancas en los ladrillos externos y controle las grietas. Si detecta algún problema, llame a un técnico cualificado para que lo repare. Las chimeneas deben comprobarse en primavera. Si quedan depósitos, el aire húmedo provocará la corrosión de las piezas de acero.

Calefacción eléctrica

Los radiadores eléctricos pueden calentar todo un piso o bien servir como radiadores de apoyo. Aunque resequen el ambiente, son tentadores por su simplicidad de colocación y por no necesitar ningún mantenimiento específico. Además, la estética ha mejorado mucho en los últimos años, así como las posibilidades de regular correctamente la temperatura; de hecho, se puede controlar la temperatura de una habitación con una precisión de medio grado o incluso ponerlos en marcha en horas programadas con anterioridad. Su principal inconveniente sigue siendo el consumo de energía. En general, se calcula que un aparato de 1 000 W sirve para una habitación de 20 m². Pero este dato varía según la calidad del aislamiento, primordial con este tipo de calefacción.

Varios tipos de aparatos independientes

Existe una multitud de aparatos eléctricos disponibles en el mercado. He aquí las principales categorías (la mayoría existen en versiones fijas o móviles).

Convector. Es el radiador más vendido. De precio muy asequible, consume, sin embargo, mucha energía y su rendimiento no es excelente. Los siguientes aparatos son variantes más eficaces del mismo.

El soplador, provisto de un ventilador interno, garantiza una mezcla homogénea del aire, incluso a ras de suelo, y permite un ascenso rápido de la temperatura.

Si suele tener frío en los pies, los aparatos radiantes le irán mejor que los convectores simples. Estos últimos calientan el aire, que se desplaza de manera natural hacia arriba, mientras que los primeros emiten un calor más homogéneo.

El radiante difunde el calor a través de una placa de vidrio o de piedra instalada en la cara anterior del aparato. Este sistema atenúa la sensación de ambiente seco y evita la mezcla del polvo. Además, no presenta ningún riesgo de quemadura por contacto y funciona de forma totalmente silenciosa.

El cerámico está dotado de una resistencia de cerámica que aumenta su potencia y permite obtener el calor deseado en un tiempo muy breve.

Acumulador. Este tipo de radiador almacena el calor durante la noche, cuando la energía es más económica, y la va restituyendo progresivamente durante el día. Provisto o no de ventilador, es voluminoso y pesado; además, cabe destacar que se aconseja instalar una placa aislante sobre el revestimiento del suelo antes de su colocación.

Radiador de aceite. Este aparato, bastante caro, que funciona por calentamiento de

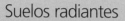

Suelos radiantes

Los suelos radiantes no pertenecen al ámbito del bricolaje, porque se incorporan en las capas de hormigón durante la construcción del edificio, transformando el suelo en un enorme radiador. Sepa, sin embargo, que algunos están atravesados por finas canalizaciones alimentadas por una caldera y otros por cables eléctricos calientes.

Un suelo eléctrico caliente almacena el calor de noche (cuando la energía es más económica) y la restituye durante el día. Por su diseño, este sistema ofrece sólo un calor ambiente entre 12 y 14 °C, y debe completarse con convectores complementarios.

El inconveniente de los suelos radiantes es la inercia: si por la noche hace mucho frío, el suelo almacena el calor producido y lo restituye al día siguiente, aunque la temperatura exterior haya ascendido de forma significativa, lo que provoca el sobrecalentamiento del espacio.

Los radiadores eléctricos en ocasiones tienen la misma forma que los radiadores clásicos con circuito de agua.

un líquido portador del calor, es el que más se acerca al nivel de confort ofrecido por una calefacción central.

En esta categoría figuran tanto los radiadores clásicos, para las estancias principales, como aparatos específicos, como el secatoallas, destinado a los cuartos de baño o a las cocinas.

Colocar un radiador

Sea cual sea el tipo de aparato, los radiadores murales deben colocarse preferentemente contra una pared de fachada. Deben estar a una distancia mínima de 15 cm del suelo, de los muebles circundantes y de las mesillas murales, si las hay, y no quedar de ningún modo cubierto por cortinas ni cortinajes. Para no obstaculizar el funcionamiento del termostato, es mejor también evitar situarlo cerca de una boca de ventilación que abra al exterior. La colocación es simple y sigue siempre el mismo principio (**véase secuencia p. siguiente**). Algunos fabricantes, incluso, proporcionan una plantilla para facilitar su colocación. En cuanto a la conexión eléctrica, vigile que los hilos que llegan a la caja de conexiones queden empotrados en la obra o colocados debajo de un zócalo estándar. Se aconseja instalar varios aparatos de potencia mediana (750 a 1 000 W), en lugar de instalar un solo radiador de 3 000 W, por ejemplo, en una estancia grande.

Regular la temperatura

La regulación, en materia de calefacción, consiste en mantener un calor constante. Para ello, se utilizan termostatos. Midiendo la temperatura, arrancan o paran la alimentación del radiador para respetar el nivel de calor deseado. Los que son electromagnéticos, tienen una precisión de 2 grados; los electrónicos, de una

© FONDIS

Este convector de tipo radiante, con termostato electrónico integrado, garantiza una temperatura regulada y homogénea.

Colocación de un radiador eléctrico

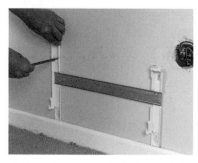

1. Trace las marcas inferiores. Coloque la pata sobre el zócalo y marque los dos agujeros correspondientes a las fijaciones inferiores.

2. Trace las marcas superiores. Haga coincidir los enganches inferiores de la pata con sus marcas para definir la posición de las fijaciones superiores.

3. Perfore y coloque los tacos. La fijación debe quedar sólida, de modo que debe prever unos tacos adecuados al tipo de pared. Insértelos con el martillo.

4. Atornille las fijaciones. Sitúe los cuatro tornillos y empuje ligeramente hacia abajo hasta llegar al tope. Atorníllelo todo, sin apretar excesivamente.

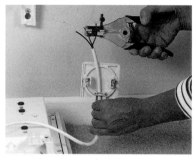

5. Conéctelo a la caja. Empalme los cables según su color en la caja de conexiones, dotada de una tapa adecuada.

6. Bloquee el panel. Coloque simplemente el aparato en la pata de fijación. Bloquee el tornillo de cierre si el modelo incluye uno.

décima parte de grado. La mayoría están integrados en el aparato, con un botón de accionamiento situado en este último. Cuando no es así, el termostato debe situarse a 1,20 m aproximadamente del suelo, separado de cualquier fuente de calor, tanto si es solar como eléctrica. Actualmente, la electrónica permite manejar fácilmente el conjunto de radiadores de una vivienda, de forma que la electricidad es comparable a la calefacción central con gas. A partir de un programador central, se puede definir para cada radiador un funcionamiento diferente en función de la hora, precisar los periodos de mayor o menor calentamiento o de paro, y ello en cada estancia, en función de nuestras costumbres y preferencias.

Calefacción central con circulación de agua caliente

La calefacción central tradicional está formada por varios radiadores, conectados entre sí por una red de canalizaciones de acero negro, de cobre o de polietileno reticulado. Todo el conjunto se llena de agua, que es calentada por una caldera, que distribuye el calor por toda la casa o apartamento. La caldera puede estar alimentada por diferentes fuentes de energía, siendo las más frecuentes el gas o el fuel-oil.

Principios de funcionamiento

El agua contenida en una calefacción central se desplaza en un circuito cerrado. El agua caliente sale de la caldera para alimentar los radiadores, que restituyen las calorías que el agua les ha transmitido. Cuando el agua está tibia, vuelve a la caldera para tomar calorías, y así sucesivamente (el agua caliente empuja el agua fría).

Actualmente, para que este intercambio de calorías sea más rápido, se equipa la red de canalizaciones con un acelerador, o bomba de circulación, una especie de motor de hélices que propulsa el agua a la salida de la caldera. Así, el agua caliente lleva sus calorías a los radiadores y llega al final del circuito con una temperatura a veces suficiente para volver a salir al circuito sin pasar por la caldera. Este sistema requiere el montaje de una válvula de tres vías. Es más económico porque evita que la caldera funcione continuamente.

Esta caldera mural de gas, poco voluminosa, se confunde entre el mobiliario de la cocina y suministra agua caliente disponible permanentemente.

Elección de la caldera

Hay diferentes tipos de calderas disponibles, que funcionan con gas o fuel-oil. Dejando a un lado su aspecto y su volumen, se diferencian esencialmente por su potencia, las características de los quemadores o de los circuitos de evacuación. Los avances técnicos y las nuevas normas europeas han contribuido a mejorar los rendimientos de las máquinas para acercarse al 95 %. Es decir, que el 95 % de la energía consumida por la caldera se restituye en forma de calor. Las nuevas calderas de condensación, aunque su precio resulte bastante elevado, permiten ahorrar bastante energía, con rendimientos que superan el 100 %.

Calderas con mejores prestaciones

Las nuevas calderas (fuel-oil o gas) funcionan a baja temperatura: los antiguos modelos suministraban el agua a 80 o 90°C de forma constante para alimentar el circuito de radiadores. Actualmente, funcionan con temperaturas de 40 a 60°C y de forma modular: justo la cantidad de calor deseada en el momento elegido. Esta disminución de la temperatura reduce las pérdidas de radiación del cuerpo calentador y la caldera consume menos energía.

Las nuevas calderas de condensación todavía son más económicas, porque recuperan el calor contenido en el vapor de agua producido por la combustión del quemador.

Evacuaciones. En cambio, estos materiales de baja temperatura obligan a efectuar un entubado de las chimeneas existentes. De hecho, como los gases de escape están a temperaturas más bajas, el humo –sobre todo en invierno– se enfría rápidamente en la chimenea, lo cual provoca cierta condensación y un «teñido» del conducto. Para combatir este fenómeno, la chimenea existente se cubre con un tubo metálico inoxidable que acelera el escape de los humos y elimina el riesgo de oxidación.

Sistema de «ventosa». Una de las grandes revoluciones en el ámbito de las calderas ha sido la llegada de la «ventosa», que deja de hacer obligatoria la conexión de la caldera a un conducto de humos. Una caldera con ventosa está equipada con un dispositivo compuesto por dos tubos concéntricos que garantizan el transporte de aire necesario para la combustión y la evacuación de los gases quemados, una y otra realizadas directamente en el exterior.

Menos volumen. Esta técnica permite instalar la caldera en cualquier pared de la vivienda, sin tener en cuenta dónde se encuentra el conducto de humos, e incluso integrarla en un elemento de cocina o un armario, porque ya no requiere un espacio ventilado. Lo más simple es instalar una caldera de ventosa horizontal, pero las ventosas también pueden ser verticales y salir al tejado. Esta última solución evita la salida de la ventosa en la fachada, no siempre muy estética, y permite colocar la caldera en una pared interior.

Regulaciones y programación. La regulación permite programar la caldera en función de la ocupación de los espacios. Diferentes modos de funcionamiento, más o menos

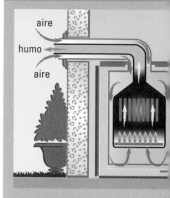

La caldera con ventosa permite prescindir de un conducto de chimenea.

En una casa grande, como complemento de la instalación principal, se recomienda instalar un termo de agua caliente cerca del punto de uso.

© De Dietrich

Radiador plano equipado con un grifo termoestático para regular la temperatura.

© Acova

caros, permiten elegir el grado de bienestar. Cabe recordar que todas las calderas llevan una regulación simple, que controla la temperatura del agua, lo cual basta para el funcionamiento de un circuito de calefacción central clásico. Se pueden sumar otros sistemas de regulación automática a la instalación para mejorar su control: regulación de la temperatura ambiente, regulación según los días de la semana, anticipación en función de la temperatura exterior, vaina mezcladora o mando a distancia, entre otras cosas.

Elección de los radiadores

Determinar qué potencia de radiador necesita una estancia implica tener en cuenta varios datos, como la estructura de las paredes, la presencia de superficies de cristal o de aberturas, las paredes medianeras con otras estancias sin calefacción, la renovación del aire... Los instaladores de calefacción normalmente tienen en cuenta todos estos aspectos.

Después, queda por elegir el material. Los radiadores de hierro colado son los mejores: tienen una de vida casi ilimitada y presentan una inercia importante −conservan y difunden durante mucho tiempo el calor, incluso después de detener la caldera o el propio radiador. Después, están los de fundición de aluminio, mucho menos pesados y con un bonito acabado, y los de acero, como los famosos radiadores secatoallas.

Regulación del calor. Todos pueden equiparse con grifos termoestáticos, que permiten regular la temperatura. Un termostato de ambiente colocado en la estancia principal y un sistema programable a nivel de la caldera permitirán, asimismo controlar la calefacción de las diferentes estancias según las horas del día.

Ruidos y canalizaciones

Puede suceder que las canalizaciones de la calefacción emitan de vez en cuando unos ruidos desagradables. Este fenómeno se debe simplemente a la dilatación. No obstante, es posible atenuar el ruido simplemente desenroscando los tornillos de las abrazaderas que sujetan los tubos a lo largo de las paredes.

Comprobar la presión y purgar los radiadores

1. Compruebe la presión. En los manómetros, la aguja móvil indica la presión de servicio. Coloque la aguja roja en el valor de su instalación como referencia.

2. Abra el grifo del agua y observe el manómetro; ciérrelo en cuanto alcance el nivel de presión adecuado, sin superar los 3 bars.

3. Purgue los radiadores. Cuando haya desconectado la caldera, gire el tornillo de purga y manténgalo abierto hasta que salga un chorrito de agua continuo.

Purgar la instalación

Puede suceder que la instalación provoque ruidos desagradables. Esta anomalía se debe a la presencia de burbujas de aire en el circuito, que obstaculizan la distribución del agua caliente. Algunos radiadores solo calientan la mitad de su potencia y deben ser purgados (**véase secuencia inferior**).

Comprobar la presión. Si falta agua en el circuito, la purga no podrá realizarse en buenas condiciones. La presión existente se indica en el manómetro situado cerca de la caldera. Si está por debajo, abra la válvula de llegada del agua hasta obtener la presión deseada (**véase cuadro**) y después vuélvala a cerrar. Detenga la caldera antes de purgar para que las burbujas de aire suban hacia los radiadores.

Cómo proceder. Tenga a mano un recipiente vacío. En todos los radiadores, el botón de purga se encuentra arriba, en el lado opuesto al grifo. Desenrósquelo a mano, si se trata de un tornillo ajustable, o con un destornillador o una llave cuadrada en los otros casos. Tenga en cuenta que basta con abrir un octavo de vuelta aproximadamente. Si abre demasiado, el tornillo puede saltar de su sitio bajo el efecto de la presión. Déjelo abierto hasta que salga un chorrito continuo. Entonces, podrá volver a cerrar el purgador. Haga lo mismo con todos los radiadores.

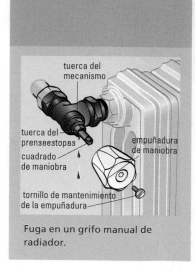

Fuga en un grifo manual de radiador.

PRESIÓN MÍNIMA ACONSEJADA	
Planta baja	1 bar
1° piso	1 bar
2° piso	1,5 bar
3° piso	1,7 bar
4° piso	2 bars

Nota: No se deben superar los 3 bars.

En caso de fuga en el grifo de un radiador

Para evitar sufrir una inundación, desmontar el grifo de un radiador implica detener la caldera y vaciar totalmente la instalación, lo cual debe ser realizado por un profesional. Sin embargo, en caso de pérdidas, puede intentar realizar una operación simple: apretar la tuerca del prensaestopas (**véase croquis superior**). Cierre primero el grifo y después desenrosque el tornillo del centro de la empuñadura. Saque la empuñadura para dejar el mecanismo al descubierto. En el caso de un grifo clásico, verá dos tuercas: sobre todo no

Cerrar la llave y vaciar el radiador

1. Cierre la llave. Desenrosque la tapa y, con una llave de seis caras, cierre la llave integrada en el empalme de equilibrado (que sirve, sobre todo, para regular el caudal).

2. Desenrosque el empalme. Desenrosque con cuidado la tuerca sosteniendo el empalme de equilibrado con la llave de seis caras. No olvide tener a mano una palangana.

3. Vacíe el aparato. Tenga a punto un recipiente de gran cabida y deje salir todo el agua contenida en el radiador antes de terminar de desmontarlo.

toque la tuerca del mecanismo, y apriete la tuerca del prensaestopas. Si la fuga persiste, puede aflojar esta tuerca para acceder a la junta, después de haber colocado debajo un recipiente. Durante la operación, el vástago no se debe mover lo más mínimo. Cambie la junta desgastada por algunos hilos de estopa empapados de sebo y vuelva a montar la tuerca del prensaestopas y de la empuñadura. Estas operaciones, sin embargo, solo son posibles en los modelos de grifos antiguos. Los más recientes, llamados de junta tórica, solo pueden ser reparados por un profesional. Si, después de haber retirado la empuñadura solo ve una tuerca, abandone el intento.

El emplazamiento de un radiador es determinante para controlar mejor las pérdidas de calor.

Desmontar un radiador

Los radiadores pueden aislarse totalmente del circuito si se cierran los puntos de entrada y de salida del agua, es decir, el grifo y la válvula integrada en el empalme de equilibrado. Así, se pueden desmontar sin temor, cuando, por ejemplo, quiera pintar la habitación. Antes de empezar, cierre el grifo del radiador. La segunda operación consiste en cerrar la llave de salida (**véase** secuencia p. **152**). Antes de desenroscar la tuerca de empalme situada a nivel del grifo, desenrosque los enganches de la pared y retire el aparato. Este tipo de manipulaciones, sin embargo, tiene un inconveniente: al volver a montar el aparato, hay que volver a regular la válvula integrada en el empalme de equilibrado (**véase** croquis lateral) para obtener un caudal de agua adecuado para una buena calefacción. Si la abre demasiado o my poco, se verá obligado a llamar a su instalador con el fin de corregir un posible mal funcionamiento del aparato.

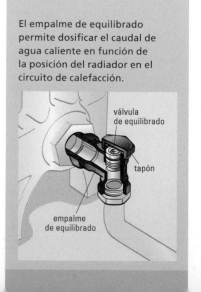

El empalme de equilibrado permite dosificar el caudal de agua caliente en función de la posición del radiador en el circuito de calefacción.

válvula de equilibrado

tapón

empalme de equilibrado

Glosario básico

Aparejo. En electricidad, designa el conjunto de aparatos de conexión o de protección de una instalación eléctrica: cajas de derivación, enchufes, interruptores, conmutadores, contactos, fusibles, disyuntores, etc.

Base del grifo. Superficie en forma de S situada debajo de la evacuación de todos los sanitarios. Este dispositivo, en forma de zigzag, tiene dos funciones: retiene los pequeños objetos que caen por el orificio del desagüe y contiene permanentemente una pequeña cantidad de agua que evita que el aire viciado de la alcantarilla pueda subir a la superficie.

Capilaridad. Fenómeno físico observado cuando se sumerge verticalmente un tubo de cristal fino como un cabello en un líquido. El líquido contenido en el tubo se eleva por encima de la superficie que se ha dejado libre. Este fenómeno se observa en el interior de los cuerpos porosos. Así, una pared compuesta por materiales porosos, situada en un entorno húmedo, «bombea» el agua del suelo como una esponja aspira los líquidos.

Curvado. Operación que consiste en doblar un vástago, un tubo, una varilla, etc. para realizar un codo de forma redondeada. En principio, esta operación se realiza con una curvadora, que permite reproducir un radio de curva preciso, o con un muelle para curvar.

Disyuntor. Aparato para cortar la alimentación eléctrica que protege contra las sobrecargas y cortocircuitos toda la instalación (disyuntor de conexión) o cada uno de los diferentes circuitos (disyuntores de distribución o modulares). Los primeros también garantizan una protección contra las fugas de corriente; son sensibles a una corriente de fuga de 500 mA. También existen los disyuntores diferenciales de alta sensibilidad (30 mA), que cortan el circuito que controlan, por ejemplo, en caso de fuga de corriente debida a un mal aislamiento de un aparato, lo cual protege a las personas en caso de contacto directo.

Hidrófobo. Se dice de un producto imposible de mojar, de un material que rechaza el agua, como la parafina. Su contrario es hidrófilo.

Hidrófugo. Se dice de un producto que evita la humedad. Ejemplo: un mortero hidrófugo protege de las filtraciones de agua actuando por obturación de los poros.

Incrustación. Depósito de cal provocado por la dureza del agua. Cuanto más caliente el agua, más rápidamente se incrusta. Las incrustaciones son nefastas para el buen funcionamiento de los aparatos hidráulicos.

Llave. Especie de grifo cuya función es interrumpir o dejar libre el paso del agua en una canalización.

PER (polietileno reticulado). Material plástico resistente, blando, liso y estanco, cuya superficie es antiadherente.

Perfil. Raíl, tubo o barra metálica de gran longitud que presenta un perfil constante. Por ejemplo, las guías utilizadas para la colocación de las placas de yeso son perfiles en forma de U.

Poliestireno. Materia termoplástica obtenida por polimerización del estireno. Se distingue:

▶ el poliestireno expandido, formado por una multitud de bolas de estireno aglomeradas entre sí; según su densidad, se utiliza para embalar o para calafatear;

▶ el poliestireno extruido, material expandido por una multitud de burbujas de aire, que le confieren su rigidez y sus cualidades de aislante térmico.

Poliuretano. Materia plástica obtenida por condensación de poliésteres. Existen espumas de poliuretano blandas (cojines, colchones), espumas de poliuretano rígidas (paneles, embalajes aislantes térmicos) y los elastómeros (masillas, adhesivos, barnices, vitrificadores).

Polyane. Película de polietileno utilizada como funda o como barrera contra el ascenso de la humedad.

Prensaestopas. Dispositivo que garantiza la estanqueidad de un eje por compresión de una junta. En los antiguos modelos de grifos, esta junta se fabricaba con estopa de cáñamo, enrollada alrededor del eje y comprimida con un anillo roscado que se tenía que apretar periódicamente; de ahí el nombre de prensaestopas.

Resiliencia. Aptitud de un material para recuperar su forma inicial cuando se somete a una compresión. Los materiales resilientes (corcho, fieltro, goma) se utilizan para el aislamiento acústico.

Tapón de registro. Tapón amovible generalmente atornillado en un empale de tubo cuya abertura permite introducir una sonda para desatascar una canalización.

Unión equipotencial. Todos los elementos metálicos de un cuarto de baño deben estar conectados a tierra. Para ello, una trenza metálica une entre sí canalizaciones, bañera, calentador de agua, convector, marcos de las puertas, etc. Es la unión equipotencial.

Válvula. Especie de junta que, montada en una llave o un grifo, sirve como obturador al paso de un fluido. La válvula de un grifo, normalmente de goma, permite cerrar el agua.

Vinilo. Materia termoplástica, es decir, sensible al calor, utilizada para fabricar numerosos productos: adhesivos, colas, vainas aislantes, pinturas, tubos.

Índice